book2

Deutsch – Griechisch
für Anfänger

Ein Buch in 2 Sprachen

www.book2.de

GOETHE
VERLAG

IMPRESSUM

Johannes Schumann:
book2 Deutsch - Griechisch
ISBN 978-3-938141-08-3

Goethe-Verlag GmbH
Postfach 152008
80051 München
Germany

Fax +49-89-74790012
www.book2.de
www.goethe-verlag.com

Inhaltsverzeichnis

1 [eins]

Personen

1 [ένα]

Πρόσωπα

ich	εγώ
ich und du	εγώ και εσύ
wir beide	εμείς οι δύο
er	αυτός
er und sie	αυτός και αυτή
sie beide	αυτοί οι δύο
der Mann	ο άνδρας
die Frau	η γυναίκα
das Kind	το παιδί
eine Familie	μία οικογένεια
meine Familie	η οικογένειά μου
Meine Familie ist hier.	Η οικογένειά μου είναι εδώ.
Ich bin hier.	Εγώ είμαι εδώ.
Du bist hier.	Εσύ είσαι εδώ.
Er ist hier und sie ist hier.	Αυτός είναι εδώ και αυτή είναι εδώ.
Wir sind hier.	Εμείς είμαστε εδώ.
Ihr seid hier.	Εσείς είστε εδώ.
Sie sind alle hier.	Είναι όλοι εδώ.

2 [zwei]

2 [δύο]

Familie

Οικογένεια

der Großvater	ο παππούς
die Großmutter	η γιαγιά
er und sie	αυτός και αυτή
der Vater	ο πατέρας
die Mutter	η μητέρα
er und sie	αυτός και αυτή
der Sohn	ο γιος
die Tochter	η κόρη
er und sie	αυτός και αυτή
der Bruder	ο αδελφός
die Schwester	η αδελφή
er und sie	αυτός και αυτή
der Onkel	ο θείος
die Tante	η θεία
er und sie	αυτός και αυτή
Wir sind eine Familie.	Εμείς είμαστε μία οικογένεια.
Die Familie ist nicht klein.	Η οικογένεια δεν είναι μικρή.
Die Familie ist groß.	Η οικογένεια είναι μεγάλη.

3 [drei]

Kennen lernen

3 [τρία]

Γνωρίζω

Hallo!	Γεια!
Guten Tag!	Καλημέρα!
Wie geht's?	Τι κάνεις; / Τι κάνετε;
Kommen Sie aus Europa?	Είστε από την Ευρώπη;
Kommen Sie aus Amerika?	Είστε από την Αμερική;
Kommen Sie aus Asien?	Είστε από την Ασία;
In welchem Hotel wohnen Sie?	Σε ποιο ξενοδοχείο μένετε;
Wie lange sind Sie schon hier?	Πόσον καιρό είστε ήδη εδώ;
Wie lange bleiben Sie?	Πόσο θα μείνετε;
Gefällt es Ihnen hier?	Σας αρέσει εδώ;
Machen Sie hier Urlaub?	Κάνετε διακοπές εδώ;
Besuchen Sie mich mal!	Περιμένω επίσκεψή σας!
Hier ist meine Adresse.	Ορίστε η διεύθυνσή μου.
Sehen wir uns morgen?	Θα τα πούμε αύριο;
Tut mir Leid, ich habe schon etwas vor.	Λυπάμαι, έχω ήδη κανονίσει κάτι.
Tschüs!	Αντίο!
Auf Wiedersehen!	Εις το επανιδείν!
Bis bald!	Τα ξαναλέμε!

4 [vier]

In der Schule

4 [τέσσερα]

Στο σχολείο.

Wo sind wir?
Wir sind in der Schule.
Wir haben Unterricht.

Πού είμαστε;
Είμαστε στο σχολείο.
Έχουμε μάθημα.

Das sind die Schüler.
Das ist die Lehrerin.
Das ist die Klasse.

Αυτοί είναι οι μαθητές.
Αυτή είναι η δασκάλα.
Αυτή είναι η τάξη.

Was machen wir?
Wir lernen.
Wir lernen eine Sprache.

Τι κάνουμε;
Διαβάζουμε.
Μαθαίνουμε μία γλώσσα.

Ich lerne Englisch.
Du lernst Spanisch.
Er lernt Deutsch.

Εγώ μαθαίνω αγγλικά.
Εσύ μαθαίνεις ισπανικά.
Αυτός μαθαίνει γερμανικά.

Wir lernen Französisch.
Ihr lernt Italienisch.
Sie lernen Russisch.

Εμείς μαθαίνουμε γαλλικά.
Εσείς μαθαίνετε ιταλικά.
Αυτοί μαθαίνουν ρωσικά.

Sprachen lernen ist interessant.
Wir wollen Menschen verstehen.
Wir wollen mit Menschen sprechen.

Το να μαθαίνεις γλώσσες είναι ενδιαφέρον.
Θέλουμε να καταλαβαίνουμε τους ανθρώπους.
Θέλουμε να μιλάμε με τους ανθρώπους.

5 [fünf]

Länder und Sprachen

5 [πέντε]

Χώρες και γλώσσες

John ist aus London.
London liegt in Großbritannien.
Er spricht Englisch.

Ο Τζον είναι από το Λονδίνο.
Το Λονδίνο βρίσκεται στη Μεγάλη Βρετανία.
Αυτός μιλάει αγγλικά.

Maria ist aus Madrid.
Madrid liegt in Spanien.
Sie spricht Spanisch.

Η Μαρία είναι από τη Μαδρίτη.
Η Μαδρίτη βρίσκεται στην Ισπανία.
Αυτή μιλάει ισπανικά.

Peter und Martha sind aus Berlin.
Berlin liegt in Deutschland.
Sprecht ihr beide Deutsch?

Ο Πέτερ και η Μάρτα είναι από το Βερολίνο.
Το Βερολίνο βρίσκεται στη Γερμανία.
Μιλάτε και οι δύο γερμανικά;

London ist eine Hauptstadt.
Madrid und Berlin sind auch Hauptstädte.
Die Hauptstädte sind groß und laut.

Το Λονδίνο είναι πρωτεύουσα.
Η Μαδρίτη και το Βερολίνο είναι επίσης πρωτεύουσες.
Οι πρωτεύουσες είναι μεγάλες και θορυβώδεις.

Frankreich liegt in Europa.
Ägypten liegt in Afrika.
Japan liegt in Asien.

Η Γαλλία βρίσκεται στην Ευρώπη.
Η Αίγυπτος βρίσκεται στην Αφρική.
Η Ιαπωνία βρίσκεται στην Ασία.

Kanada liegt in Nordamerika.
Panama liegt in Mittelamerika.
Brasilien liegt in Südamerika.

Ο Καναδάς βρίσκεται στη Βόρεια Αμερική.
Ο Παναμάς βρίσκεται στην Κεντρική Αμερική.
Η Βραζιλία βρίσκεται στη Νότια Αμερική.

6 [sechs]

Lesen und schreiben

6 [έξι]

Διαβάζω και γράφω

Ich lese.
Ich lese einen Buchstaben.
Ich lese ein Wort.

Εγώ διαβάζω.
Εγώ διαβάζω ένα γράμμα [της αλφαβήτου].
Εγώ διαβάζω μία λέξη.

Ich lese einen Satz.
Ich lese einen Brief.
Ich lese ein Buch.

Εγώ διαβάζω μία πρόταση.
Εγώ διαβάζω ένα γράμμα.
Εγώ διαβάζω ένα βιβλίο.

Ich lese.
Du liest.
Er liest.

Εγώ διαβάζω.
Εσύ διαβάζεις.
Αυτός διαβάζει.

Ich schreibe.
Ich schreibe einen Buchstaben.
Ich schreibe ein Wort.

Εγώ γράφω.
Εγώ γράφω ένα γράμμα [της αλφαβήτου].
Εγώ γράφω μία λέξη.

Ich schreibe einen Satz.
Ich schreibe einen Brief.
Ich schreibe ein Buch.

Εγώ γράφω μία πρόταση.
Εγώ γράφω ένα γράμμα.
Εγώ γράφω ένα βιβλίο.

Ich schreibe.
Du schreibst.
Er schreibt.

Εγώ γράφω.
Εσύ γράφεις.
Αυτός γράφει.

7 [sieben]

Zahlen

7 [επτά]

Αριθμοί

Ich zähle: eins, zwei, drei Ich zähle bis drei.	(Εγώ) Μετράω: ένα, δύο, τρία (Εγώ) Μετράω ως το τρία.
Ich zähle weiter: vier, fünf, sechs, sieben, acht, neun	(Εγώ) Συνεχίζω να μετράω: τέσσερα, πέντε, έξι, επτά, οκτώ, εννέα
Ich zähle. Du zählst. Er zählt.	(Εγώ) Μετράω. (Εσύ) Μετράς. (Αυτός) Μετράει.
Eins. Der Erste. Zwei. Der Zweite. Drei. Der Dritte.	Ένα. Ο πρώτος. Δύο. Ο δεύτερος. Τρία. Ο τρίτος.
Vier. Der Vierte. Fünf. Der Fünfte. Sechs. Der Sechste.	Τέσσερα. Ο τέταρτος. Πέντε. Ο πέμπτος. Έξι. Ο έκτος.
Sieben. Der Siebte. Acht. Der Achte. Neun. Der Neunte.	Επτά. Ο έβδομος. Οκτώ. Ο όγδοος. Εννέα. Ο ένατος.

8 [acht]

8 [οκτώ]

Uhrzeiten

Η ώρα

Entschuldigen Sie!	Με συγχωρείτε!
Wie viel Uhr ist es, bitte?	Τι ώρα είναι παρακαλώ;
Danke vielmals.	Ευχαριστώ πολύ.
Es ist ein Uhr.	Η ώρα είναι μία.
Es ist zwei Uhr.	Η ώρα είναι δύο.
Es ist drei Uhr.	Η ώρα είναι τρεις.
Es ist vier Uhr.	Η ώρα είναι τέσσερις.
Es ist fünf Uhr.	Η ώρα είναι πέντε.
Es ist sechs Uhr.	Η ώρα είναι έξι.
Es ist sieben Uhr.	Η ώρα είναι επτά.
Es ist acht Uhr.	Η ώρα είναι οκτώ.
Es ist neun Uhr.	Η ώρα είναι εννέα.
Es ist zehn Uhr.	Η ώρα είναι δέκα.
Es ist elf Uhr.	Η ώρα είναι έντεκα.
Es ist zwölf Uhr.	Η ώρα είναι δώδεκα.
Eine Minute hat sechzig Sekunden.	Ένα λεπτό έχει εξήντα δευτερόλεπτα.
Eine Stunde hat sechzig Minuten.	Μία ώρα έχει εξήντα λεπτά.
Ein Tag hat vierundzwanzig Stunden.	Μία μέρα έχει είκοσι τέσσερις ώρες.

9 [neun]

Wochentage

9 [εννέα]

Ημέρες της εβδομάδας

der Montag	η Δευτέρα
der Dienstag	η Τρίτη
der Mittwoch	η Τετάρτη
der Donnerstag	η Πέμπτη
der Freitag	η Παρασκευή
der Samstag	το Σάββατο
der Sonntag	η Κυριακή
die Woche	η εβδομάδα
von Montag bis Sonntag	από τη Δευτέρα ως την Παρασκευή
Der erste Tag ist Montag.	Η πρώτη μέρα είναι η Δευτέρα.
Der zweite Tag ist Dienstag.	Η δεύτερη μέρα είναι η Τρίτη.
Der dritte Tag ist Mittwoch.	Η τρίτη μέρα είναι η Τετάρτη.
Der vierte Tag ist Donnerstag.	Η τέταρτη μέρα είναι η Πέμπτη.
Der fünfte Tag ist Freitag.	Η πέμπτη μέρα είναι η Παρασκευή.
Der sechste Tag ist Samstag.	Η έκτη μέρα είναι το Σάββατο.
Der siebte Tag ist Sonntag.	Η έβδομη μέρα είναι η Κυριακή.
Die Woche hat sieben Tage.	Η εβδομάδα έχει επτά ημέρες.
Wir arbeiten nur fünf Tage.	Δουλεύουμε μόνο τις πέντε ημέρες.

10 [zehn]

Gestern - heute - morgen

Gestern war Samstag.
Gestern war ich im Kino.
Der Film war interessant.

Heute ist Sonntag.
Heute arbeite ich nicht.
Ich bleibe zu Hause.

Morgen ist Montag.
Morgen arbeite ich wieder.
Ich arbeite im Büro

Wer ist das?
Das ist Peter.
Peter ist Student.

Wer ist das?
Das ist Martha.
Martha ist Sekretärin.

Peter und Martha sind Freunde.
Peter ist der Freund von Martha.
Martha ist die Freundin von Peter.

10 [δέκα]

Χθες - σήμερα - αύριο

Χθες ήταν Σάββατο.
Χθες πήγα σινεμά.
Η ταινία ήταν ενδιαφέρουσα.

Σήμερα είναι Κυριακή.
Σήμερα δεν δουλεύω.
Θα μείνω στο σπίτι.

Αύριο είναι Δευτέρα.
Αύριο δουλεύω πάλι.
Δουλεύω στο γραφείο.

Ποιος είναι αυτός;
Αυτός είναι ο Πέτερ.
Ο Πέτερ είναι φοιτητής.

Ποια είναι αυτή;
Αυτή είναι η Μάρτα.
Η Μάρτα είναι γραμματέας.

Ο Πέτερ και η Μάρτα είναι φίλοι.
Ο Πέτερ είναι ο φίλος της Μάρτα.
Η Μάρτα είναι η φίλη του Πέτερ.

11 [elf]	11 [έντεκα]
Monate	**Μήνες**

der Januar	ο Ιανουάριος
der Februar	ο Φεβρουάριος
der März	ο Μάρτιος
der April	ο Απρίλιος
der Mai	ο Μάιος
der Juni	ο Ιούνιος
Das sind sechs Monate.	Αυτοί είναι έξι μήνες.
Januar, Februar, März,	Ιανουάριος, Φεβρουάριος, Μάρτιος,
April, Mai und Juni.	Απρίλιος, Μάιος, και Ιούνιος
der Juli	ο Ιούλιος
der August	ο Αύγουστος
der September	ο Σεπτέμβριος
der Oktober	ο Οκτώβριος
der November	ο Νοέμβριος
der Dezember	ο Δεκέμβριος
Das sind auch sechs Monate.	Αυτοί είναι επίσης έξι μήνες.
Juli, August, September,	Ιούλιος, Αύγουστος, Σεπτέμβριος,
Oktober, November und Dezember.	Οκτώβριος, Νοέμβριος και Δεκέμβριος.

12 [zwölf]

Getränke

Ich trinke Tee.
Ich trinke Kaffee.
Ich trinke Mineralwasser.

Trinkst du Tee mit Zitrone?
Trinkst du Kaffee mit Zucker?
Trinkst du Wasser mit Eis?

Hier ist eine Party.
Die Leute trinken Sekt.
Die Leute trinken Wein und Bier.

Trinkst du Alkohol?
Trinkst du Whisky?
Trinkst du Cola mit Rum?

Ich mag keinen Sekt.
Ich mag keinen Wein.
Ich mag kein Bier.

Das Baby mag Milch.
Das Kind mag Kakao und Apfelsaft.
Die Frau mag Orangensaft und Grapefruitsaft.

12 [δώδεκα]

Ποτά

(Εγώ) Πίνω τσάι.
(Εγώ) Πίνω καφέ.
(Εγώ) Πίνω μεταλλικό νερό.

Πίνεις τσάι με λεμόνι;
Πίνεις τον καφέ με ζάχαρη;
Πίνεις το νερό με πάγο;

Εδώ γίνεται ένα πάρτι.
Ο κόσμος πίνει σαμπάνια.
Ο κόσμος πίνει κρασί και μπύρα.

Πίνεις αλκοόλ;
Πίνεις ουίσκι;
Πίνεις Coca-Cola με ρούμι;

Δεν μου αρέσει η σαμπάνια.
Δεν μου αρέσει το κρασί.
Δεν μου αρέσει η μπύρα.

Στο μωρό αρέσει το γάλα.
Στο παιδί αρέσει το κακάο και ο χυμός μήλου.
Στη γυναίκα αρέσει ο χυμός πορτοκάλι και το γκρέιπφρουτ.

13 [dreizehn]

Tätigkeiten

13 [δεκατρία]

Δραστηριότητες

Was macht Martha?
Sie arbeitet im Büro.
Sie arbeitet am Computer.

Τι κάνει η Μάρτα;
Δουλεύει στο γραφείο.
Δουλεύει στον υπολογιστή.

Wo ist Martha?
Im Kino.
Sie schaut sich einen Film an.

Πού είναι η Μάρτα;
Στο σινεμά.
Βλέπει μία καινούργια ταινία.

Was macht Peter?
Er studiert an der Universität.
Er studiert Sprachen.

Τι κάνει ο Πέτερ;
Σπουδάζει στο πανεπιστήμιο.
Σπουδάζει γλώσσες.

Wo ist Peter?
Im Café.
Er trinkt Kaffee.

Πού είναι ο Πέτερ;
Στην καφετέρια.
Πίνει καφέ.

Wohin gehen sie gern?
Ins Konzert.
Sie hören gern Musik.

Πού τους αρέσει να πηγαίνουν;
Σε συναυλίες.
Τους αρέσει να ακούν μουσική.

Wohin gehen sie nicht gern?
In die Disco.
Sie tanzen nicht gern.

Πού δεν τους αρέσει να πηγαίνουν;
Στη ντίσκο.
Δεν τους αρέσει ο χορός.

14 [vierzehn]

Farben

14 [δεκατέσσερα]

Χρώματα

Der Schnee ist weiß.	Το χιόνι είναι λευκό.
Die Sonne ist gelb.	Ο ήλιος είναι κίτρινος.
Die Orange ist orange.	Το πορτοκάλι είναι πορτοκαλί.
Die Kirsche ist rot.	Το κεράσι είναι κόκκινο.
Der Himmel ist blau.	Ο ουρανός είναι μπλε.
Das Gras ist grün.	Το γρασίδι είναι πράσινο.
Die Erde ist braun.	Το χώμα είναι καφέ.
Die Wolke ist grau.	Το σύννεφο είναι γκρι.
Die Reifen sind schwarz.	Τα λάστιχα είναι μαύρα.
Welche Farbe hat der Schnee? Weiß.	Τι χρώμα έχει το χιόνι; Λευκό.
Welche Farbe hat die Sonne? Gelb.	Τι χρώμα έχει ο ήλιος; Κίτρινο.
Welche Farbe hat die Orange? Orange.	Τι χρώμα έχει το πορτοκάλι; Πορτοκαλί.
Welche Farbe hat die Kirsche? Rot.	Τι χρώμα έχει το κεράσι; Κόκκινο.
Welche Farbe hat der Himmel? Blau.	Τι χρώμα έχει ο ουρανός; Μπλε.
Welche Farbe hat das Gras? Grün.	Τι χρώμα έχει το γρασίδι; Πράσινο.
Welche Farbe hat die Erde? Braun.	Τι χρώμα έχει το χώμα; Καφέ.
Welche Farbe hat die Wolke? Grau.	Τι χρώμα έχει το σύννεφο; Γκρι.
Welche Farbe haben die Reifen? Schwarz.	Τι χρώμα έχουν τα λάστιχα; Μαύρο.

15 [fünfzehn]

Früchte und Lebensmittel

15 [δεκαπέντε]

Φρούτα και τρόφιμα

Ich habe eine Erdbeere.
Ich habe eine Kiwi und eine Melone.
Ich habe eine Orange und eine Grapefruit.

Έχω μία φράουλα.
Έχω ένα κίουι κι ένα πεπόνι.
Έχω ένα πορτοκάλι και ένα γκρέιπφρουτ.

Ich habe einen Apfel und eine Mango.
Ich habe eine Banane und eine Ananas.
Ich mache einen Obstsalat.

Έχω ένα μήλο και ένα μάνγκο.
Έχω μία μπανάνα και έναν ανανά.
Φτιάχνω μία φρουτοσαλάτα.

Ich esse einen Toast.
Ich esse einen Toast mit Butter.
Ich esse einen Toast mit Butter und Marmelade.

Τρώω μία φέτα ψωμί.
Τρώω μία φέτα ψωμί με βούτυρο.
Τρώω μία φέτα ψωμί με βούτυρο και μαρμελάδα.

Ich esse ein Sandwich.
Ich esse ein Sandwich mit Margarine.
Ich esse ein Sandwich mit Margarine und Tomate.

Τρώω ένα σάντουιτς.
Τρώω ένα σάντουιτς με μαργαρίνη.
Τρώω ένα σάντουιτς με μαργαρίνη και ντομάτα.

Wir brauchen Brot und Reis.
Wir brauchen Fisch und Steaks.
Wir brauchen Pizza und Spagetti.

Χρειαζόμαστε ψωμί και ρύζι.
Χρειαζόμαστε ψάρι και μπριζόλες.
Χρειαζόμαστε πίτσα και μακαρόνια.

Was brauchen wir noch?
Wir brauchen Karotten und Tomaten für die Suppe.
Wo ist ein Supermarkt?

Τι άλλο χρειαζόμαστε;
Χρειαζόμαστε καρότα και ντομάτες για τη σούπα.
Πού υπάρχει σούπερ μάρκετ;

16 [sechzehn]

Jahreszeiten und Wetter

16 [δεκαέξι]

Εποχές και καιρός

Das sind die Jahreszeiten:
Der Frühling, der Sommer,
der Herbst und der Winter.

Αυτές είναι οι εποχές:
Η άνοιξη, το καλοκαίρι,
το φθινόπωρο και ο χειμώνας.

Der Sommer ist heiß.
Im Sommer scheint die Sonne.
Im Sommer gehen wir gern spazieren.

Το καλοκαίρι είναι ζεστό.
Το καλοκαίρι λάμπει ο ήλιος.
Το καλοκαίρι μας αρέσει να πηγαίνουμε περίπατο.

Der Winter ist kalt.
Im Winter schneit oder regnet es.
Im Winter bleiben wir gern zu Hause.

Ο χειμώνας είναι κρύος.
Τον χειμώνα χιονίζει ή βρέχει.
Τον χειμώνα μας αρέσει να μένουμε στο σπίτι.

Es ist kalt.
Es regnet.
Es ist windig.

Κάνει κρύο.
Βρέχει.
Φυσάει.

Es ist warm.
Es ist sonnig.
Es ist heiter.

Κάνει ζέστη.
Έχει ήλιο / λιακάδα.
Έχει λίγη συννεφιά.

Wie ist das Wetter heute?
Es ist kalt heute.
Es ist warm heute.

Τι καιρό κάνει σήμερα;
Σήμερα κάνει κρύο.
Σήμερα κάνει ζέστη.

17 [siebzehn]

Im Haus

17 [δεκαεπτά]

Στο σπίτι

Hier ist unser Haus. Oben ist das Dach. Unten ist der Keller.	Εδώ είναι το σπίτι μας. Πάνω είναι η σκεπή. Κάτω είναι το υπόγειο.
Hinter dem Haus ist ein Garten. Vor dem Haus ist keine Straße. Neben dem Haus sind Bäume.	Στο πίσω μέρος του σπιτιού είναι ένας κήπος. Μπροστά από το σπίτι είναι ένας μικρός δρόμος. Δίπλα στο σπίτι είναι δέντρα.
Hier ist meine Wohnung. Hier ist die Küche und das Bad. Dort sind das Wohnzimmer und das Schlafzimmer.	Εδώ είναι το σπίτι μου. Εδώ είναι η κουζίνα και το μπάνιο. Εκεί είναι το σαλόνι και το υπνοδωμάτιο.
Die Haustür ist geschlossen. Aber die Fenster sind offen. Es ist heiß heute.	Η κεντρική πόρτα είναι κλειστή. Τα παράθυρα όμως είναι ανοιχτά. Κάνει ζέστη σήμερα.
Wir gehen in das Wohnzimmer. Dort sind ein Sofa und ein Sessel. Setzen Sie sich!	Πάμε στο σαλόνι. Εκεί είναι ένας καναπές και μία πολυθρόνα. Καθίστε!
Dort steht mein Computer. Dort steht meine Stereoanlage. Der Fernseher ist ganz neu.	Εκεί βρίσκεται ο υπολογιστής μου. Εκεί βρίσκεται το στερεοφωνικό μου. Η τηλεόραση είναι ολοκαίνουργια.

18 [achtzehn]

Hausputz

Heute ist Samstag.
Heute haben wir Zeit.
Heute putzen wir die Wohnung.

Ich putze das Bad.
Mein Mann wäscht das Auto.
Die Kinder putzen die Fahrräder.

Oma gießt die Blumen.
Die Kinder räumen das Kinderzimmer auf.
Mein Mann räumt seinen Schreibtisch auf.

Ich stecke die Wäsche in die Waschmaschine.
Ich hänge die Wäsche auf.
Ich bügele die Wäsche.

Die Fenster sind schmutzig.
Der Fußboden ist schmutzig.
Das Geschirr ist schmutzig.

Wer putzt die Fenster?
Wer saugt Staub?
Wer spült das Geschirr?

18 [δεκαοκτώ]

Καθαρισμός σπιτιού

Σήμερα είναι Σάββατο.
Σήμερα έχουμε χρόνο.
Σήμερα θα καθαρίσουμε το σπίτι.

Θα καθαρίσω το μπάνιο.
Ο άντρας μου θα πλύνει το αυτοκίνητο.
Τα παιδιά θα καθαρίσουν τα ποδήλατα.

Η γιαγιά θα ποτίσει τα λουλούδια.
Τα παιδιά θα τακτοποιήσουν το δωμάτιο.
Ο άντρας μου θα τακτοποιήσει το γραφείο του.

Θα βάλω τα ρούχα στο πλυντήριο.
Θα απλώσω τα ρούχα.
Θα σιδερώσω τα ρούχα.

Τα παράθυρα είναι βρώμικα.
Το πάτωμα είναι βρώμικο.
Τα πιάτα είναι βρώμικα.

Ποιος θα καθαρίσει τα παράθυρα;
Ποιος θα βάλει ηλεκτρική σκούπα;
Ποιος θα πλύνει τα πιάτα;

19 [neunzehn]

In der Küche

19 [δεκαεννέα]

Στην κουζίνα

Hast du eine neue Küche?
Was willst du heute kochen?
Kochst du elektrisch oder mit Gas?

Έχεις καινούργια κουζίνα;
Τι θέλεις να μαγειρέψεις σήμερα;
Μαγειρεύεις με ηλεκτρικό ρεύμα ή με φυσικό αέριο;

Soll ich die Zwiebeln schneiden?
Soll ich die Kartoffeln schälen?
Soll ich den Salat waschen?

Να κόψω τα κρεμμύδια;
Να καθαρίσω τις πατάτες;
Να πλύνω τη σαλάτα;

Wo sind die Gläser?
Wo ist das Geschirr?
Wo ist das Besteck?

Πού είναι τα ποτήρια;
Πού είναι τα πιάτα;
Πού είναι τα μαχαιροπήρουνα;

Hast du einen Dosenöffner?
Hast du einen Flaschenöffner?
Hast du einen Korkenzieher?

Έχεις ανοιχτήρι κονσέρβας;
Έχεις ανοιχτήρι μπουκαλιών;
Έχεις τιρμπουσόν;

Kochst du die Suppe in diesem Topf?
Brätst du den Fisch in dieser Pfanne?
Grillst du das Gemüse auf diesem Grill?

Σε αυτήν την κατσαρόλα θα φτιάξεις τη σούπα;
Σε αυτό το τηγάνι θα τηγανίσεις το ψάρι;
Σε αυτή την ψησταριά θα ψήσεις τα λαχανικά;

Ich decke den Tisch.
Hier sind die Messer, Gabeln und Löffel.
Hier sind die Gläser, die Teller und die Servietten.

Θα στρώσω το τραπέζι.
Εδώ είναι τα μαχαίρια, τα πηρούνια και τα κουτάλια.
Εδώ είναι τα ποτήρια, τα πιάτα και οι χαρτοπετσέτες.

20 [zwanzig]

Small Talk 1

20 [είκοσι]

Κουβεντούλα 1

Machen Sie es sich bequem!
Fühlen Sie sich wie zu Hause!
Was möchten Sie trinken?

Βολευτείτε!
Σαν στο σπίτι σας.
Τι θα θέλατε να πιείτε;

Lieben Sie Musik?
Ich mag klassische Musik.
Hier sind meine CDs.

Αγαπάτε τη μουσική;
Μου αρέσει η κλασική μουσική.
Εδώ είναι τα CD μου.

Spielen Sie ein Instrument?
Hier ist meine Gitarre.
Singen Sie gern?

Παίζετε κάποιο όργανο;
Εδώ είναι η κιθάρα μου.
Σας αρέσει να τραγουδάτε;

Haben Sie Kinder?
Haben Sie einen Hund?
Haben Sie eine Katze?

Έχετε παιδιά;
Έχετε σκύλο;
Έχετε γάτα;

Hier sind meine Bücher.
Ich lese gerade dieses Buch.
Was lesen Sie gern?

Εδώ είναι τα βιβλία μου.
Τώρα διαβάζω αυτό το βιβλίο.
Τι σας αρέσει να διαβάζετε;

Gehen Sie gern ins Konzert?
Gehen Sie gern ins Theater?
Gehen Sie gern in die Oper?

Σας αρέσει να πηγαίνετε σε συναυλίες;
Σας αρέσει να πηγαίνετε στο θέατρο;
Σας αρέσει να πηγαίνετε στην όπερα;

21 [einundzwanzig]

Small Talk 2

21 [είκοσι ένα]

Κουβεντούλα 2

Woher kommen Sie?
Aus Basel.
Basel liegt in der Schweiz.

Από πού είστε;
Από τη Βασιλεία.
Η Βασιλεία βρίσκεται στην Ελβετία.

Darf ich Ihnen Herrn Müller vorstellen?
Er ist Ausländer.
Er spricht mehrere Sprachen.

Να σας συστήσω τον κύριο Müller;
Είναι αλλοδαπός.
Μιλάει πολλές γλώσσες.

Sind Sie zum ersten Mal hier?
Nein, ich war schon letztes Jahr hier.
Aber nur eine Woche lang.

Έρχεστε πρώτη φορά εδώ;
Όχι, ήμουνα και πέρυσι εδώ.
Αλλά μόνο για μία βδομάδα.

Wie gefällt es Ihnen bei uns?
Sehr gut. Die Leute sind nett.
Und die Landschaft gefällt mir auch.

Πώς σας φαίνεται η χώρα μας;
Πολύ ωραία. Οι άνθρωποι είναι πολύ συμπαθείς.
Και το τοπίο μου αρέσει.

Was sind Sie von Beruf?
Ich bin Übersetzer.
Ich übersetze Bücher.

Τι δουλειά κάνετε;
Είμαι μεταφραστής.
Μεταφράζω βιβλία.

Sind Sie allein hier?
Nein, meine Frau / mein Mann ist auch hier.
Und dort sind meine beiden Kinder.

Είστε μόνος / μόνη εδώ;
Όχι, η γυναίκα μου / ο άντρας μου είναι επίσης εδώ.
Και εκεί είναι τα δύο μου παιδιά.

22 [zweiundzwanzig]

22 [είκοσι δύο]

Small Talk 3

Κουβεντούλα 3

Rauchen Sie?
Früher ja.
Aber jetzt rauche ich nicht mehr.

Καπνίζετε;
Παλιότερα ναι.
Αλλά τώρα δεν καπνίζω πια.

Stört es Sie, wenn ich rauche?
Nein, absolut nicht.
Das stört mich nicht.

Θα σας ενοχλήσει αν καπνίσω;
Όχι, σε καμία περίπτωση.
Δεν με ενοχλεί.

Trinken Sie etwas?
Einen Cognac?
Nein, lieber ein Bier.

Θα πιείτε κάτι;
Ένα κονιάκ;
Όχι, προτιμώ μια μπύρα.

Reisen Sie viel?
Ja, meistens sind das Geschäftsreisen.
Aber jetzt machen wir hier Urlaub.

Ταξιδεύετε πολύ;
Ναι, τις περισσότερες φορές είναι επαγγελματικά ταξίδια.
Αλλά τώρα είμαστε εδώ για διακοπές.

Was für eine Hitze!
Ja, heute ist es wirklich heiß.
Gehen wir auf den Balkon.

Τι ζέστη!
Ναι, σήμερα πράγματι κάνει πολλή ζέστη.
Ας βγούμε στο μπαλκόνι.

Morgen gibt es hier eine Party.
Kommen Sie auch?
Ja, wir sind auch eingeladen.

Αύριο θα γίνει εδώ ένα πάρτι.
Θα έρθετε και εσείς;
Ναι, είμαστε και εμείς καλεσμένοι.

23 [dreiundzwanzig]

Fremdsprachen lernen

23 [είκοσι τρία]

Μαθαίνω ξένες γλώσσες

Wo haben Sie Spanisch gelernt?
Können Sie auch Portugiesisch?
Ja, und ich kann auch etwas Italienisch.

Πού μάθατε ισπανικά;
Ξέρετε και πορτογαλικά;
Ναι, και ξέρω επίσης και λίγα ιταλικά.

Ich finde, Sie sprechen sehr gut.
Die Sprachen sind ziemlich ähnlich.
Ich kann sie gut verstehen.

Νομίζω πως μιλάτε πολύ καλά.
Οι γλώσσες μοιάζουν αρκετά μεταξύ τους.
Καταλαβαίνω καλά αυτές τις γλώσσες.

Aber sprechen und schreiben ist schwer.
Ich mache noch viele Fehler.
Bitte korrigieren Sie mich immer.

Το να μιλάς και να γράφεις είναι όμως δύσκολο.
Κάνω ακόμα πολλά λάθη.
Σας παρακαλώ να με διορθώνετε πάντα.

Ihre Aussprache ist ganz gut.
Sie haben einen kleinen Akzent.
Man erkennt, woher Sie kommen.

Η άρθρωσή σας είναι αρκετά καλή.
Έχετε μία μικρή προφορά.
Μπορεί να καταλάβει κανείς από πού είστε.

Was ist Ihre Muttersprache?
Machen Sie einen Sprachkurs?
Welches Lehrwerk benutzen Sie?

Ποια είναι η μητρική σας γλώσσα;
Παρακολουθείτε μαθήματα ξένων γλωσσών;
Ποιο βιβλίο χρησιμοποιείτε;

Ich weiß im Moment nicht, wie das heißt.
Mir fällt der Titel nicht ein.
Ich habe das vergessen.

Αυτή τη στιγμή δεν ξέρω πώς λέγεται.
Δεν μπορώ να θυμηθώ τον τίτλο.
Τον έχω ξεχάσει.

24 [vierundzwanzig]

Verabredung

Hast du den Bus verpasst?
Ich habe eine halbe Stunde auf dich gewartet.
Hast du kein Handy bei dir?

Sei das nächste Mal pünktlich!
Nimm das nächste Mal ein Taxi!
Nimm das nächste Mal einen Regenschirm mit!

Morgen habe ich frei.
Wollen wir uns morgen treffen?
Tut mir Leid, morgen geht es bei mir nicht.

Hast du dieses Wochenende schon etwas vor?
Oder bist du schon verabredet?
Ich schlage vor, wir treffen uns am Wochenende.

Wollen wir Picknick machen?
Wollen wir an den Strand fahren?
Wollen wir in die Berge fahren?

Ich hole dich vom Büro ab.
Ich hole dich von zu Hause ab.
Ich hole dich an der Bushaltestelle ab.

24 [είκοσι τέσσερα]

Ραντεβού

Έχασες το λεωφορείο;
Σε περιμένω εδώ και μισή ώρα.
Δεν έχεις κινητό μαζί σου;

Την επόμενη φορά να είσαι συνεπής!
Την επόμενη φορά πάρε ταξί!
Την επόμενη φορά πάρε μαζί σου ομπρέλα!

Αύριο έχω ρεπό.
Θα συναντηθούμε αύριο;
Λυπάμαι, αύριο δεν μπορώ.

Έχεις κανονίσει κάτι για αυτό το σαββατοκύριακο;
Ή μήπως έχεις ήδη ραντεβού με κάποιον;
Προτείνω να συναντηθούμε το σαββατοκύριακο.

Πάμε για πικνίκ;
Πάμε βόλτα στην παραλία;
Πάμε βόλτα στο βουνό;

Θα περάσω να σε πάρω από το γραφείο.
Θα περάσω να σε πάρω από το σπίτι.
Θα περάσω να σε πάρω από την στάση του λεωφορείου.

25 [fünfundzwanzig]

In der Stadt

25 [είκοσι πέντε]

Στην πόλη

Ich möchte zum Bahnhof.	Θέλω να πάω στον σταθμό του τρένου.
Ich möchte zum Flughafen.	Θέλω να πάω στο αεροδρόμιο.
Ich möchte ins Stadtzentrum.	Θέλω να πάω στο κέντρο της πόλης.
Wie komme ich zum Bahnhof?	Πώς θα πάω στον σταθμό του τρένου;
Wie komme ich zum Flughafen?	Πώς θα πάω στο αεροδρόμιο;
Wie komme ich ins Stadtzentrum?	Πώς θα πάω στο κέντρο της πόλης;
Ich brauche ein Taxi.	Χρειάζομαι ένα ταξί.
Ich brauche einen Stadtplan.	Χρειάζομαι έναν χάρτη της πόλης.
Ich brauche ein Hotel.	Χρειάζομαι ξενοδοχείο.
Ich möchte ein Auto mieten.	Θα ήθελα να νοικιάσω ένα αυτοκίνητο.
Hier ist meine Kreditkarte.	Ορίστε η πιστωτική μου κάρτα.
Hier ist mein Führerschein.	Ορίστε το δίπλωμά μου.
Was gibt es in der Stadt zu sehen?	Τι μπορεί να δει κανείς στην πόλη;
Gehen Sie in die Altstadt.	Πηγαίνετε στην παλιά πόλη.
Machen Sie eine Stadtrundfahrt.	Κάντε μία περιήγηση στην πόλη.
Gehen Sie zum Hafen.	Πηγαίνετε στο λιμάνι.
Machen Sie eine Hafenrundfahrt.	Κάντε μία περιήγηση στο λιμάνι.
Welche Sehenswürdigkeiten gibt es außerdem noch?	Ποια άλλα αξιοθέατα υπάρχουν;

26 [sechsundzwanzig]

In der Natur

26 [είκοσι έξι]

Στη φύση

Siehst du dort den Turm?	Βλέπεις τον πύργο εκεί πέρα;
Siehst du dort den Berg?	Βλέπεις το βουνό εκεί πέρα;
Siehst du dort das Dorf?	Βλέπεις το χωριό εκεί πέρα;
Siehst du dort den Fluss?	Βλέπεις το ποτάμι εκεί πέρα;
Siehst du dort die Brücke?	Βλέπεις τη γέφυρα εκεί πέρα;
Siehst du dort den See?	Βλέπεις τη λίμνη εκεί πέρα;
Der Vogel da gefällt mir.	Εκείνο εκεί το πουλί μου αρέσει.
Der Baum da gefällt mir.	Εκείνο εκεί το δέντρο μου αρέσει.
Der Stein hier gefällt mir.	Εκείνη εκεί η πέτρα μου αρέσει.
Der Park da gefällt mir.	Εκείνο εκεί το πάρκο μου αρέσει.
Der Garten da gefällt mir.	Εκείνος εκεί ο κήπος μου αρέσει.
Die Blume hier gefällt mir.	Εκείνο εκεί το λουλούδι μου αρέσει.
Ich finde das hübsch.	(Αυτό) Το βρίσκω όμορφο.
Ich finde das interessant.	(Αυτό) Το βρίσκω ενδιαφέρον.
Ich finde das wunderschön.	(Αυτό) Το βρίσκω υπέροχο.
Ich finde das hässlich.	(Αυτό) Το βρίσκω απαίσιο.
Ich finde das langweilig.	(Αυτό) Το βρίσκω βαρετό.
Ich finde das furchtbar.	(Αυτό) Το βρίσκω φρικτό.

27 [siebenundzwanzig]

Im Hotel - Ankunft

27 [είκοσι επτά]

Στο ξενοδοχείο - άφιξη

Haben Sie ein Zimmer frei?	Έχετε ελεύθερο δωμάτιο;
Ich habe ein Zimmer reserviert.	Έχω κρατήσει σε ένα δωμάτιο.
Mein Name ist Müller.	Το όνομά μου είναι Müller.
Ich brauche ein Einzelzimmer.	Χρειάζομαι ένα μονόκλινο δωμάτιο.
Ich brauche ein Doppelzimmer.	Χρειάζομαι ένα δίκλινο δωμάτιο.
Wie viel kostet das Zimmer pro Nacht?	Πόσο κοστίζει η διανυκτέρευση;
Ich möchte ein Zimmer mit Bad.	Θα ήθελα ένα δωμάτιο με μπάνιο.
Ich möchte ein Zimmer mit Dusche.	Θα ήθελα ένα δωμάτιο με ντους.
Kann ich das Zimmer sehen?	Μπορώ να δω το δωμάτιο;
Gibt es hier eine Garage?	Υπάρχει εδώ γκαράζ;
Gibt es hier einen Safe?	Υπάρχει εδώ χρηματοκιβώτιο;
Gibt es hier ein Fax?	Υπάρχει εδώ φαξ;
Gut, ich nehme das Zimmer.	Εντάξει, θα κλείσω το δωμάτιο.
Hier sind die Schlüssel.	Ορίστε τα κλειδιά.
Hier ist mein Gepäck.	Αυτές είναι οι αποσκευές μου.
Um wie viel Uhr gibt es Frühstück?	Τι ώρα σερβίρεται το πρωινό;
Um wie viel Uhr gibt es Mittagessen?	Τι ώρα σερβίρεται το μεσημεριανό;
Um wie viel Uhr gibt es Abendessen?	Τι ώρα σερβίρεται το βραδινό;

28 [achtundzwanzig]

Im Hotel - Beschwerden

28 [είκοσι οκτώ]

Στο ξενοδοχείο - έκφραση παραπόνων

Die Dusche funktioniert nicht.
Es kommt kein warmes Wasser.
Können Sie das reparieren lassen?

Το ντους δεν λειτουργεί.
Δεν υπάρχει ζεστό νερό.
Μπορείτε να το φτιάξετε;

Es gibt kein Telefon im Zimmer.
Es gibt keinen Fernseher im Zimmer.
Das Zimmer hat keinen Balkon.

Στο δωμάτιο δεν υπάρχει τηλέφωνο.
Στο δωμάτιο δεν υπάρχει τηλεόραση.
Το δωμάτιο δεν έχει μπαλκόνι.

Das Zimmer ist zu laut.
Das Zimmer ist zu klein.
Das Zimmer ist zu dunkel.

Στο δωμάτιο υπάρχει πολλή φασαρία.
Το δωμάτιο είναι πολύ μικρό.
Το δωμάτιο είναι πολύ σκοτεινό.

Die Heizung funktioniert nicht.
Die Klimaanlage funktioniert nicht.
Der Fernseher ist kaputt.

Η θέρμανση δεν λειτουργεί.
Το κλιματιστικό δεν λειτουργεί.
Η τηλεόραση έχει χαλάσει.

Das gefällt mir nicht.
Das ist mir zu teuer.
Haben Sie etwas Billigeres?

Αυτό δεν μου αρέσει.
Αυτό είναι πολύ ακριβό για μένα.
Έχετε κάτι πιο φτηνό;

Gibt es hier in der Nähe eine Jugendherberge?
Gibt es hier in der Nähe eine Pension?
Gibt es hier in der Nähe ein Restaurant?

Υπάρχει εδώ κοντά ξενώνας νεότητας;
Υπάρχει εδώ κοντά πανσιόν;
Υπάρχει εδώ κοντά εστιατόριο;

29 [neunundzwanzig]

Im Restaurant 1

29 [είκοσι εννέα]

Στο εστιατόριο 1

Ist der Tisch frei?
Ich möchte bitte die Speisekarte.
Was können Sie empfehlen?

Είναι το τραπέζι ελεύθερο;
Θα ήθελα το μενού παρακαλώ.
Τι θα συνιστούσατε;

Ich hätte gern ein Bier.
Ich hätte gern ein Mineralwasser.
Ich hätte gern einen Orangensaft.

Θα ήθελα μία μπύρα.
Θα ήθελα ένα μεταλλικό νερό.
Θα ήθελα έναν χυμό πορτοκάλι.

Ich hätte gern einen Kaffee.
Ich hätte gern einen Kaffee mit Milch.
Mit Zucker, bitte.

Θα ήθελα έναν καφέ.
Θα ήθελα έναν καφέ με γάλα.
Με ζάχαρη παρακαλώ.

Ich möchte einen Tee.
Ich möchte einen Tee mit Zitrone.
Ich möchte einen Tee mit Milch.

Θα ήθελα ένα τσάι.
Θα ήθελα ένα τσάι με λεμόνι.
Θα ήθελα ένα τσάι με γάλα.

Haben Sie Zigaretten?
Haben Sie einen Aschenbecher?
Haben Sie Feuer?

Έχετε τσιγάρα;
Έχετε ένα σταχτοδοχείο;
Έχετε φωτιά;

Mir fehlt eine Gabel.
Mir fehlt ein Messer.
Mir fehlt ein Löffel.

Δεν έχω πηρούνι.
Δεν έχω μαχαίρι.
Δεν έχω κουτάλι.

30 [dreißig]

Im Restaurant 2

30 [τριάντα]

Στο εστιατόριο 2

Einen Apfelsaft, bitte.
Eine Limonade, bitte.
Einen Tomatensaft, bitte.

Έναν χυμό μήλου παρακαλώ.
Μία λεμονάδα παρακαλώ.
Έναν τοματοχυμό παρακαλώ.

Ich hätte gern ein Glas Rotwein.
Ich hätte gern ein Glas Weißwein.
Ich hätte gern eine Flasche Sekt.

Θα ήθελα ένα ποτήρι κόκκινο κρασί.
Θα ήθελα ένα ποτήρι λευκό κρασί.
Θα ήθελα ένα μπουκάλι σαμπάνια.

Magst du Fisch?
Magst du Rindfleisch?
Magst du Schweinefleisch?

Σου αρέσει το ψάρι;
Σου αρέσει το βοδινό κρέας;
Σου αρέσει το χοιρινό κρέας;

Ich möchte etwas ohne Fleisch.
Ich möchte eine Gemüseplatte.
Ich möchte etwas, was nicht lange dauert.

Θα ήθελα κάτι χωρίς κρέας.
Θα ήθελα μία μερίδα λαχανικά.
Θα ήθελα κάτι γρήγορο.

Möchten Sie das mit Reis?
Möchten Sie das mit Nudeln?
Möchten Sie das mit Kartoffeln?

Θα το θέλατε με ρύζι;
Θα το θέλατε με χυλοπίτες;
Θα το θέλατε με πατάτες;

Das schmeckt mir nicht.
Das Essen ist kalt.
Das habe ich nicht bestellt.

Αυτή η γεύση δεν μου αρέσει.
Το φαγητό είναι κρύο.
Αυτό δεν το παρήγγειλα.

31 [einunddreißig]

Im Restaurant 3

31 [τριάντα ένα]

Στο εστιατόριο 3

Ich möchte eine Vorspeise.	Θα ήθελα ένα ορεκτικό.
Ich möchte einen Salat.	Θα ήθελα μία σαλάτα.
Ich möchte eine Suppe.	Θα ήθελα μία σούπα.
Ich möchte einen Nachtisch.	Θα ήθελα επιδόρπιο.
Ich möchte ein Eis mit Sahne.	Θα ήθελα ένα παγωτό με σαντιγί.
Ich möchte Obst oder Käse.	Θα ήθελα φρούτα ή τυρί.
Wir möchten frühstücken.	Θα θέλαμε να πάρουμε πρωινό.
Wir möchten zu Mittag essen.	Θα θέλαμε να φάμε μεσημεριανό.
Wir möchten zu Abend essen.	Θα θέλαμε να φάμε βραδινό.
Was möchten Sie zum Frühstück?	Τι θα θέλατε για πρωινό;
Brötchen mit Marmelade und Honig?	Ψωμί με μαρμελάδα και μέλι;
Toast mit Wurst und Käse?	Ψωμί με λουκάνικο και τυρί;
Ein gekochtes Ei?	Ένα βραστό αυγό;
Ein Spiegelei?	Ένα αυγό μάτι;
Ein Omelett?	Μία ομελέτα;
Bitte noch einen Joghurt.	Ένα γιαούρτι παρακαλώ.
Bitte noch Salz und Pfeffer.	Λίγο αλάτι και πιπέρι παρακαλώ.
Bitte noch ein Glas Wasser.	Ένα ποτήρι νερό παρακαλώ.

32 [zweiunddreißig]

Im Restaurant 4

Einmal Pommes Frites mit Ketchup.
Und zweimal mit Mayonnaise.
Und dreimal Bratwurst mit Senf.

Was für Gemüse haben Sie?
Haben Sie Bohnen?
Haben Sie Blumenkohl?

Ich esse gern Mais.
Ich esse gern Gurken.
Ich esse gern Tomaten

Essen Sie auch gern Lauch?
Essen Sie auch gern Sauerkraut?
Essen Sie auch gern Linsen?

Isst du auch gern Karotten?
Isst du auch gern Brokkoli?
Isst du auch gern Paprika?

Ich mag keine Zwiebeln.
Ich mag keine Oliven.
Ich mag keine Pilze.

32 [τριάντα δύο]

Στο εστιατόριο 4

Μία μερίδα πατάτες τηγανητές με κέτσαπ.
Και δύο μερίδες με μαγιονέζα.
Και τρεις μερίδες τηγανητό λουκάνικο με μουστάρδα.

Τι λαχανικά έχετε;
Έχετε φασόλια;
Έχετε κουνουπίδι;

Μου αρέσει το καλαμπόκι.
Μου αρέσουν τα αγγούρια.
Μου αρέσουν οι ντομάτες.

Σας αρέσουν και εσάς τα πράσα;
Σας αρέσει και εσάς το ξινολάχανο;
Σας αρέσουν και εσάς οι φακές;

Σου αρέσουν και σένα τα καρότα;
Σου αρέσουν και σένα τα μπρόκολα;
Σου αρέσει και σένα η πάπρικα;

Δεν μου αρέσουν τα κρεμμύδια.
Δεν μου αρέσουν οι ελιές.
Δεν μου αρέσουν τα μανιτάρια.

33 [dreiunddreißig]

Im Bahnhof

33 [τριάντα τρία]

Στον σταθμό του τρένου

Wann fährt der nächste Zug nach Berlin?
Wann fährt der nächste Zug nach Paris?
Wann fährt der nächste Zug nach London?

Πότε φεύγει το επόμενο τρένο για Βερολίνο;
Πότε φεύγει το επόμενο τρένο για Παρίσι;
Πότε φεύγει το επόμενο τρένο για Λονδίνο;

Um wie viel Uhr fährt der Zug nach Warschau?
Um wie viel Uhr fährt der Zug nach Stockholm?
Um wie viel Uhr fährt der Zug nach Budapest?

Τι ώρα φεύγει το τρένο για Βαρσοβία;
Τι ώρα φεύγει το τρένο για Στοκχόλμη;
Τι ώρα φεύγει το τρένο για Βουδαπέστη;

Ich möchte eine Fahrkarte nach Madrid.
Ich möchte eine Fahrkarte nach Prag.
Ich möchte eine Fahrkarte nach Bern.

Θα ήθελα ένα εισιτήριο για Μαδρίτη.
Θα ήθελα ένα εισιτήριο για Πράγα.
Θα ήθελα ένα εισιτήριο για Βέρνη.

Wann kommt der Zug in Wien an?
Wann kommt der Zug in Moskau an?
Wann kommt der Zug in Amsterdam an?

Πότε φτάνει το τρένο στην Βιέννη;
Πότε φτάνει το τρένο στην Μόσχα;
Πότε φτάνει το τρένο στο Άμστερνταμ;

Muss ich umsteigen?
Von welchem Gleis fährt der Zug ab?
Gibt es Schlafwagen im Zug?

Πρέπει να αλλάξω τρένο;
Από ποια αποβάθρα αναχωρεί το τρένο;
Έχει το τρένο κλινάμαξες;

Ich möchte nur die Hinfahrt nach Brüssel.
Ich möchte eine Rückfahrkarte nach Kopenhagen.
Was kostet ein Platz im Schlafwagen?

Θα ήθελα μόνο μετάβαση στις Βρυξέλλες.
Θα ήθελα ένα εισιτήριο με επιστροφή για Κοπεγχάγη.
Πόσο κοστίζει μία θέση σε κλινάμαξα;

34 [vierunddreißig]

34 [τριάντα τέσσερα]

Im Zug

Στο τρένο

Ist das der Zug nach Berlin?	Είναι αυτό το τρένο για Βερολίνο;
Wann fährt der Zug ab?	Πότε αναχωρεί το τρένο;
Wann kommt der Zug in Berlin an?	Πότε φτάνει το τρένο στο Βερολίνο;
Verzeihung, darf ich vorbei?	Με συγχωρείτε, μπορώ να περάσω;
Ich glaube, das ist mein Platz.	Νομίζω πως αυτή είναι η θέση μου.
Ich glaube, Sie sitzen auf meinem Platz.	Νομίζω πως κάθεστε στην θέση μου.
Wo ist der Schlafwagen?	Πού είναι η κλινάμαξα;
Der Schlafwagen ist am Ende des Zuges.	Η κλινάμαξα είναι στο τέλος του τρένου.
Und wo ist der Speisewagen? - Am Anfang.	Και πού είναι το εστιατόριο του τρένου; - Στην αρχή.
Kann ich unten schlafen?	Μπορώ να κοιμηθώ κάτω;
Kann ich in der Mitte schlafen?	Μπορώ να κοιμηθώ στην μέση;
Kann ich oben schlafen?	Μπορώ να κοιμηθώ πάνω;
Wann sind wir an der Grenze?	Πότε φτάνουμε στα σύνορα;
Wie lange dauert die Fahrt nach Berlin?	Πόσο διαρκεί το ταξίδι μέχρι το Βερολίνο;
Hat der Zug Verspätung?	Έχει το τρένο καθυστέρηση;
Haben Sie etwas zu lesen?	Έχετε κάτι να διαβάσετε;
Kann man hier etwas zu essen und zu trinken bekommen?	Μπορεί κανείς να φάει και να πιει κάτι εδώ;
Würden Sie mich bitte um 7.00 Uhr wecken?	Με ξυπνάτε σας παρακαλώ στις 7:00;

35 [fünfunddreißig]

35 [τριάντα πέντε]

Am Flughafen

Στο αεροδρόμιο

Ich möchte einen Flug nach Athen buchen.
Ist das ein Direktflug?
Bitte einen Fensterplatz, Nichtraucher.

Θα ήθελα να κλείσω ένα εισιτήριο για Αθήνα.
Είναι απευθείας πτήση;
Παρακαλώ μία θέση σε παράθυρο, στον τομέα των μη καπνιστών.

Ich möchte meine Reservierung bestätigen.
Ich möchte meine Reservierung stornieren.
Ich möchte meine Reservierung umbuchen.

Θα ήθελα να επιβεβαιώσω την κράτησή μου.
Θα ήθελα να ακυρώσω την κράτησή μου.
Θα ήθελα να αλλάξω την κράτησή μου.

Wann geht die nächste Maschine nach Rom?
Sind noch zwei Plätze frei?
Nein, wir haben nur noch einen Platz frei.

Πότε είναι η επόμενη πτήση για Ρώμη;
Υπάρχουν ακόμα δύο ελεύθερες θέσεις;
Όχι, έχουμε μόνο μία ελεύθερη θέση.

Wann landen wir?
Wann sind wir da?
Wann fährt ein Bus ins Stadtzentrum?

Πότε προσγειωνόμαστε;
Πότε θα φτάσουμε;
Πότε φεύγει λεωφορείο για το κέντρο της πόλης;

Ist das Ihr Koffer?
Ist das Ihre Tasche?
Ist das Ihr Gepäck?

Είναι αυτή η βαλίτσα σας;
Είναι αυτή η τσάντα σας;
Είναι αυτές οι αποσκευές σας;

Wie viel Gepäck kann ich mitnehmen?
Zwanzig Kilo.
Was, nur zwanzig Kilo?

Πόσες αποσκευές μπορώ να πάρω;
Είκοσι κιλά.
Τι, μόνο είκοσι κιλά;

36 [sechsunddreißig]

Öffentlicher Nahverkehr

36 [τριάντα έξι]

Δημόσια συγκοινωνία για κοντινές αποστάσεις

Wo ist die Bushaltestelle?	Πού είναι η στάση του λεωφορείου;
Welcher Bus fährt ins Zentrum?	Ποιο λεωφορείο πάει στο κέντρο;
Welche Linie muss ich nehmen?	Ποια γραμμή πρέπει να πάρω;
Muss ich umsteigen?	Πρέπει να κάνω μετεπιβίβαση;
Wo muss ich umsteigen?	Πού πρέπει να κάνω μετεπιβίβαση;
Was kostet ein Fahrschein?	Πόσο κοστίζει ένα εισιτήριο;
Wie viele Haltestellen sind es bis zum Zentrum?	Πόσες στάσεις είναι μέχρι το κέντρο;
Sie müssen hier aussteigen.	Εδώ πρέπει να κάνετε μετεπιβίβαση.
Sie müssen hinten aussteigen.	Πρέπει να κατέβετε από την πίσω πόρτα.
Die nächste U-Bahn kommt in 5 Minuten.	Το επόμενο δρομολόγιο του υπόγειου σιδηροδρόμου είναι σε 5 λεπτά.
Die nächste Straßenbahn kommt in 10 Minuten.	Το επόμενο δρομολόγιο του τραμ είναι σε 10 λεπτά.
Der nächste Bus kommt in 15 Minuten.	Το επόμενο λεωφορείο έρχεται σε 15 λεπτά.
Wann fährt die letzte U-Bahn?	Πότε είναι το τελευταίο δρομολόγιο του υπόγειου σιδηροδρόμου;
Wann fährt die letzte Straßenbahn?	Πότε είναι το τελευταίο δρομολόγιο του τραμ;
Wann fährt der letzte Bus?	Πότε φεύγει το τελευταίο λεωφορείο;
Haben Sie einen Fahrschein?	Έχετε εισιτήριο;
Einen Fahrschein? - Nein, ich habe keinen.	Εισιτήριο; - Όχι, δεν έχω.
Dann müssen Sie eine Strafe zahlen.	Τότε πρέπει να πληρώσετε πρόστιμο.

37 [siebenunddreißig]

Unterwegs

37 [τριάντα επτά]

Καθ’ οδόν

Er fährt mit dem Motorrad.
Er fährt mit dem Fahrrad.
Er geht zu Fuß.

Πάει με τη μηχανή.
Πάει με το ποδήλατο.
Πάει με τα πόδια.

Er fährt mit dem Schiff.
Er fährt mit dem Boot.
Er schwimmt.

Πάει με το πλοίο.
Πάει με πλοιάριο.
Πάει κολυμπώντας.

Ist es hier gefährlich?
Ist es gefährlich, allein zu trampen?
Ist es gefährlich, nachts spazieren zu gehen?

Είναι επικίνδυνα εδώ;
Είναι επικίνδυνα να κάνεις ωτοστόπ μόνος;
Είναι επικίνδυνα να πηγαίνεις για περίπατο τη νύχτα;

Wir haben uns verfahren.
Wir sind auf dem falschen Weg.
Wir müssen umkehren.

Χαθήκαμε.
Είμαστε σε λάθος δρόμο.
Πρέπει να γυρίσουμε πίσω.

Wo kann man hier parken?
Gibt es hier einen Parkplatz?
Wie lange kann man hier parken?

Πού μπορεί κανείς να παρκάρει εδώ;
Υπάρχει εδώ χώρος στάθμευσης / πάρκινγκ;
Για πόσο μπορεί κανείς να παρκάρει εδώ;

Fahren Sie Ski?
Fahren Sie mit dem Skilift nach oben?
Kann man hier Ski leihen?

Κάνετε σκι;
Πάτε ψηλά με το τελεφερίκ;
Μπορεί κανείς να δανειστεί εδώ εξοπλισμό για σκι;

38 [achtunddreißig]

38 [τριάντα οκτώ]

Im Taxi

Στο ταξί

Rufen Sie bitte ein Taxi.
Was kostet es bis zum Bahnhof?
Was kostet es bis zum Flughafen?

Παρακαλώ καλέστε ένα ταξί.
Πόσο κοστίζει η διαδρομή μέχρι το σταθμό του τρένου;
Πόσο κοστίζει η διαδρομή μέχρι το αεροδρόμιο;

Bitte geradeaus.
Bitte hier nach rechts.
Bitte dort an der Ecke nach links.

Ευθεία παρακαλώ.
Παρακαλώ εδώ δεξιά.
Παρακαλώ εκεί στη γωνία αριστερά.

Ich habe es eilig.
Ich habe Zeit.
Fahren Sie bitte langsamer.

Βιάζομαι.
Έχω χρόνο.
Παρακαλώ πηγαίνετε πιο αργά.

Halten Sie hier bitte.
Warten Sie bitte einen Moment.
Ich bin gleich zurück.

Παρακαλώ σταματήστε εδώ.
Παρακαλώ περιμένετε ένα λεπτό.
Θα γυρίσω αμέσως.

Bitte geben Sie mir eine Quittung.
Ich habe kein Kleingeld.
Es stimmt so, der Rest ist für Sie.

Παρακαλώ δώστε μου μία απόδειξη.
Δεν έχω ψιλά.
Σωστά είναι, τα ρέστα δικά σας.

Fahren Sie mich zu dieser Adresse.
Fahren Sie mich zu meinem Hotel.
Fahren Sie mich zum Strand.

Πηγαίνετέ με σε αυτή τη διεύθυνση.
Πηγαίνετέ με στο ξενοδοχείο μου.
Πηγαίνετέ με στην παραλία.

39 [neununddreißig]

39 [τριάντα εννέα]

Autopanne

Βλάβη αυτοκινήτου

Wo ist die nächste Tankstelle?
Ich habe einen Platten.
Können Sie das Rad wechseln?

Πού είναι το πλησιέστερο βενζινάδικο;
Έπαθα λάστιχο.
Μπορείτε να αλλάξετε τον τροχό;

Ich brauche ein paar Liter Diesel.
Ich habe kein Benzin mehr.
Haben Sie einen Reservekanister?

Χρειάζομαι ένα δυο λίτρα ντίζελ.
Έμεινα από βενζίνη.
Έχετε εφεδρικό μπιτόνι βενζίνη;

Wo kann ich telefonieren?
Ich brauche einen Abschleppdienst.
Ich suche eine Werkstatt.

Πού μπορώ να κάνω ένα τηλέφωνο;
Χρειάζομαι οδική βοήθεια.
Ψάχνω συνεργείο αυτοκινήτων.

Es ist ein Unfall passiert.
Wo ist das nächste Telefon?
Haben Sie ein Handy bei sich?

Έγινε ένα ατύχημα.
Πού είναι το πλησιέστερο τηλέφωνο;
Έχετε κινητό μαζί σας;

Wir brauchen Hilfe.
Rufen Sie einen Arzt!
Rufen Sie die Polizei!

Χρειαζόμαστε βοήθεια.
Καλέστε έναν γιατρό!
Καλέστε την αστυνομία!

Ihre Papiere, bitte.
Ihren Führerschein, bitte.
Ihren Kfz-Schein, bitte.

Τα χαρτιά σας παρακαλώ.
Το δίπλωμά σας παρακαλώ.
Την άδεια κυκλοφορίας σας παρακαλώ.

40 [vierzig]	40 [σαράντα]
Nach dem Weg fragen	**Ρωτάω για το δρόμο**

Entschuldigen Sie!	Με συγχωρείτε!
Können Sie mir helfen?	Μπορείτε να με βοηθήσετε;
Wo gibt es hier ein gutes Restaurant?	Πού υπάρχει εδώ ένα καλό εστιατόριο;
Gehen Sie links um die Ecke.	Πηγαίνετε στη γωνία αριστερά.
Gehen Sie dann ein Stück geradeaus.	Μετά πηγαίνετε για λίγο ευθεία.
Gehen Sie dann hundert Meter nach rechts.	Στα 100 μέτρα κάντε δεξιά.
Sie können auch den Bus nehmen.	Μπορείτε να πάρετε και το λεωφορείο.
Sie können auch die Straßenbahn nehmen.	Μπορείτε να πάρετε και το τραμ.
Sie können auch einfach hinter mir herfahren,	Μπορείτε απλά να με ακολουθήσετε με το αυτοκίνητο ως εκεί.
Wie komme ich zum Fußballstadion?	Πώς θα πάω στο γήπεδο ποδοσφαίρου;
Überqueren Sie die Brücke!	Διασχίστε τη γέφυρα!
Fahren Sie durch den Tunnel!	Περάστε μέσα από το τούνελ!
Fahren Sie bis zur dritten Ampel.	Πηγαίνετε ως το τρίτο φανάρι.
Biegen Sie dann die erste Straße rechts ab.	Μετά στρίψτε στον πρώτο δρόμο δεξιά.
Fahren Sie dann geradeaus über die nächste Kreuzung.	Ύστερα πηγαίνετε όλο ευθεία μετά και την επόμενη διασταύρωση.
Entschuldigung, wie komme ich zum Flughafen?	Συγγνώμη, πώς θα πάω στο αεροδρόμιο;
Am besten nehmen Sie die U-Bahn.	Πάρτε καλύτερα τον υπόγειο σιδηρόδρομο.
Fahren Sie einfach bis zur Endstation.	Πηγαίνετε απλά ως τον τερματικό σταθμό.

41 [einundvierzig]

Orientierung

41 [σαράντα ένα]

Προσανατολισμός

Wo ist das Fremdenverkehrsamt?
Haben Sie einen Stadtplan für mich?
Kann man hier ein Hotelzimmer reservieren?

Πού είναι το γραφείο τουρισμού;
Έχετε έναν χάρτη της πόλης;
Μπορεί κανείς να κρατήσει ένα δωμάτιο εδώ;

Wo ist die Altstadt?
Wo ist der Dom?
Wo ist das Museum?

Πού είναι η παλιά πόλη;
Πού είναι ο καθεδρικός ναός;
Πού είναι το μουσείο;

Wo gibt es Briefmarken zu kaufen?
Wo gibt es Blumen zu kaufen?
Wo gibt es Fahrkarten zu kaufen?

Πού μπορεί να αγοράσει κανείς γραμματόσημα;
Πού μπορεί να αγοράσει κανείς λουλούδια;
Πού μπορεί να αγοράσει κανείς εισιτήρια;

Wo ist der Hafen?
Wo ist der Markt?
Wo ist das Schloss?

Πού είναι το λιμάνι;
Πού είναι η αγορά;
Πού είναι το παλάτι;

Wann beginnt die Führung?
Wann endet die Führung?
Wie lange dauert die Führung?

Πότε αρχίζει η ξενάγηση;
Πότε τελειώνει η ξενάγηση;
Πόσο διαρκεί η ξενάγηση;

Ich möchte einen Führer, der Deutsch spricht.
Ich möchte einen Führer, der Italienisch spricht.
Ich möchte einen Führer, der Französisch spricht.

Θα ήθελα έναν γερμανόφωνο ξεναγό.
Θα ήθελα έναν ιταλόφωνο ξεναγό.
Θα ήθελα έναν γαλλόφωνο ξεναγό

42 [zweiundvierzig]

Stadtbesichtigung

42 [σαράντα δύο]

Επίσκεψη στην πόλη

Ist der Markt sonntags geöffnet?
Ist die Messe montags geöffnet?
Ist die Ausstellung dienstags geöffnet?

Είναι ανοιχτή η αγορά την Κυριακή;
Είναι ανοιχτή η έκθεση την Δευτέρα;
Είναι ανοιχτή η έκθεση την Τρίτη;

Hat der Zoo mittwochs geöffnet?
Hat das Museum donnerstags geöffnet?
Hat die Galerie freitags geöffnet?

Είναι ανοιχτός ο ζωολογικός κήπος την Τετάρτη;
Είναι ανοιχτό το μουσείο την Πέμπτη;
Είναι ανοιχτή η γκαλερί την Παρασκευή;

Darf man fotografieren?
Muss man Eintritt bezahlen?
Wie viel kostet der Eintritt?

Επιτρέπεται η λήψη φωτογραφιών;
Πρέπει να πληρώσεις είσοδο;
Πόσο κοστίζει η είσοδος;

Gibt es eine Ermäßigung für Gruppen?
Gibt es eine Ermäßigung für Kinder?
Gibt es eine Ermäßigung für Studenten?

Υπάρχει έκπτωση για γκρουπ πολλών ατόμων;
Υπάρχει έκπτωση για παιδιά;
Υπάρχει έκπτωση για φοιτητές;

Was für ein Gebäude ist das?
Wie alt ist das Gebäude?
Wer hat das Gebäude gebaut?

Τι κτίριο είναι αυτό;
Πόσο παλιό είναι το κτίριο;
Ποιος έχτισε το κτίριο;

Ich interessiere mich für Architektur.
Ich interessiere mich für Kunst.
Ich interessiere mich für Malerei.

Με ενδιαφέρει η αρχιτεκτονική.
Με ενδιαφέρει η τέχνη.
Με ενδιαφέρει η ζωγραφική.

43 [dreiundvierzig]

Im Zoo

43 [σαράντα τρία]

Στον ζωολογικό κήπο

Dort ist der Zoo.
Dort sind die Giraffen.
Wo sind die Bären?

Εκεί είναι ο ζωολογικός κήπος.
Εκεί είναι οι καμηλοπαρδάλεις.
Πού είναι οι αρκούδες;

Wo sind die Elefanten?
Wo sind die Schlangen?
Wo sind die Löwen?

Πού είναι οι ελέφαντες;
Πού είναι τα φίδια;
Πού είναι τα λιοντάρια;

Ich habe einen Fotoapparat.
Ich habe auch eine Filmkamera.
Wo ist eine Batterie?

Έχω μία φωτογραφική μηχανή.
Έχω και μία κινηματογραφική κάμερα.
Πού υπάρχει μία μπαταρία;

Wo sind die Pinguine?
Wo sind die Kängurus?
Wo sind die Nashörner?

Πού είναι οι πιγκουίνοι;
Πού είναι τα καγκουρό;
Πού είναι οι ρινόκεροι;

Wo ist eine Toilette?
Dort ist ein Café.
Dort ist ein Restaurant.

Πού υπάρχει τουαλέτα;
Εκεί είναι μία καφετέρια.
Εκεί είναι ένα εστιατόριο.

Wo sind die Kamele?
Wo sind die Gorillas und die Zebras?
Wo sind die Tiger und die Krokodile?

Πού είναι οι καμήλες;
Πού είναι οι γορίλες και οι ζέβρες;
Πού είναι οι τίγρεις και οι κροκόδειλοι;

44 [vierundvierzig]

Abends ausgehen

44 [σαράντα τέσσερα]

Βραδινή έξοδος

Gibt es hier eine Diskothek?
Gibt es hier einen Nachtclub?
Gibt es hier eine Kneipe?

Υπάρχει εδώ ντισκοτέκ;
Υπάρχει εδώ νάιτ κλαμπ;
Υπάρχει εδώ παμπ;

Was gibt es heute Abend im Theater?
Was gibt es heute Abend im Kino?
Was gibt es heute Abend im Fernsehen?

Τι παράσταση έχει απόψε στο θέατρο;
Τι παίζει απόψε στο σινεμά;
Τι παίζει απόψε η τηλεόραση;

Gibt es noch Karten fürs Theater?
Gibt es noch Karten fürs Kino?
Gibt es noch Karten für das Fußballspiel?

Υπάρχουν ακόμα εισιτήρια για το θέατρο;
Υπάρχουν ακόμα εισιτήρια για το σινεμά;
Υπάρχουν ακόμα εισιτήρια για το ματς;

Ich möchte ganz hinten sitzen.
Ich möchte irgendwo in der Mitte sitzen.
Ich möchte ganz vorn sitzen.

Θα ήθελα μία θέση πίσω-πίσω.
Θα ήθελα μία θέση κάπου στη μέση.
Θα ήθελα μία θέση μπροστά-μπροστά.

Können Sie mir etwas empfehlen?
Wann beginnt die Vorstellung?
Können Sie mir eine Karte besorgen?

Τι μου συστήνετε;
Πότε αρχίζει η ταινία / παράσταση;
Μπορείτε να μου βρείτε ένα εισιτήριο;

Ist hier in der Nähe ein Golfplatz?
Ist hier in der Nähe ein Tennisplatz?
Ist hier in der Nähe ein Hallenbad?

Υπάρχει εδώ κοντά γήπεδο γκολφ;
Υπάρχει εδώ κοντά γήπεδο τένις;
Υπάρχει εδώ κοντά εσωτερική πισίνα;

45 [fünfundvierzig]

Im Kino

45 [σαράντα πέντε]

Στο σινεμά

Wir wollen ins Kino.	Θέλουμε να πάμε σινεμά.
Heute läuft ein guter Film.	Σήμερα παίζει μια καλή ταινία.
Der Film ist ganz neu.	Η ταινία μόλις βγήκε στις αίθουσες.
Wo ist die Kasse?	Πού είναι το ταμείο;
Gibt es noch freie Plätze?	Υπάρχουν ακόμα ελεύθερες θέσεις;
Was kosten die Eintrittskarten?	Πόσο κοστίζουν τα εισιτήρια;
Wann beginnt die Vorstellung?	Πότε αρχίζει η ταινία;
Wie lange dauert der Film?	Πόσο διαρκεί η ταινία;
Kann man Karten reservieren?	Μπορεί κανείς να κάνει κράτηση θέσεων;
Ich möchte hinten sitzen.	Θα ήθελα μία θέση στις πίσω σειρές.
Ich möchte vorn sitzen.	Θα ήθελα μία θέση στις μπροστινές σειρές.
Ich möchte in der Mitte sitzen.	Θα ήθελα μία θέση στις μεσαίες σειρές.
Der Film war spannend.	Η ταινία είχε αγωνία.
Der Film war nicht langweilig.	Η ταινία δεν ήταν βαρετή.
Aber das Buch zum Film war besser.	Αλλά το βιβλίο ήταν καλύτερο.
Wie war die Musik?	Πώς ήταν η μουσική;
Wie waren die Schauspieler?	Πώς ήταν οι ηθοποιοί;
Gab es Untertitel in englischer Sprache?	Υπήρχαν αγγλικοί υπότιτλοι;

46 [sechsundvierzig]

In der Diskothek

46 [σαράντα έξι]

Στη ντισκοτέκ

Ist der Platz hier frei?
Darf ich mich zu Ihnen setzen?
Gern.

Wie finden Sie die Musik?
Ein bisschen zu laut.
Aber die Band spielt ganz gut.

Sind Sie öfter hier?
Nein, das ist das erste Mal.
Ich war noch nie hier.

Tanzen Sie?
Später vielleicht.
Ich kann nicht so gut tanzen.

Das ist ganz einfach.
Ich zeige es Ihnen.
Nein, lieber ein anderes Mal.

Warten Sie auf jemand?
Ja, auf meinen Freund.
Da hinten kommt er ja!

Είναι αυτή η θέση ελεύθερη;
Μπορώ να καθίσω μαζί σας;
Ευχαρίστως.

Πώς σας φαίνεται η μουσική;
Λίγο δυνατά.
Αλλά το συγκρότημα παίζει πολύ καλά.

Έρχεστε συχνά εδώ;
Όχι, είναι η πρώτη φορά.
Δεν έχω ξανάρθει εδώ.

Χορεύετε;
Αργότερα ίσως.
Δε χορεύω τόσο καλά.

Είναι πολύ εύκολο.
Θα σας δείξω.
Όχι, καλύτερα μία άλλη φορά.

Περιμένετε κάποιον;
Ναι, τον φίλο μου.
Εκεί στο βάθος, έρχεται!

47 [siebenundvierzig]

Reisevorbereitungen

47 [σαράντα επτά]

Προετοιμασίες για το ταξίδι

Du musst unseren Koffer packen!
Du darfst nichts vergessen!
Du brauchst einen großen Koffer!

Πρέπει να φτιάξεις την βαλίτσα μας!
Δεν πρέπει να ξεχάσεις τίποτα!
Χρειάζεσαι μία μεγάλη βαλίτσα!

Vergiss nicht den Reisepass!
Vergiss nicht das Flugticket!
Vergiss nicht die Reiseschecks!

Μην ξεχάσεις το διαβατήριο.
Μην ξεχάσεις το αεροπορικό εισιτήριο.
Μην ξεχάσεις τις ταξιδιωτικές επιταγές.

Nimm Sonnencreme mit.
Nimm die Sonnenbrille mit.
Nimm den Sonnenhut mit.

Πάρε αντηλιακό.
Πάρε τα γυαλιά ηλίου.
Πάρε το καπέλο για τον ήλιο.

Willst du eine Straßenkarte mitnehmen?
Willst du einen Reiseführer mitnehmen?
Willst du einen Regenschirm mitnehmen?

Θέλεις να πάρουμε και οδικό χάρτη;
Θέλεις να πάρουμε και ταξιδιωτικό οδηγό;
Θέλεις να πάρουμε και ομπρέλα;

Denk an die Hosen, die Hemden, die Socken.
Denk an die Krawatten, die Gürtel, die Sakkos.
Denk an die Schlafanzüge, die Nachthemden und die T-Shirts.

Θυμήσου τα παντελόνια, τα πουκάμισα και τις κάλτσες.
Θυμήσου τις γραβάτες, τις ζώνες και τα σακίδια.
Θυμήσου τις πυτζάμες και τα κοντομάνικα μπλουζάκια.

Du brauchst Schuhe, Sandalen und Stiefel.
Du brauchst Taschentücher, Seife und eine Nagelschere.
Du brauchst einen Kamm, eine Zahnbürste und Zahnpasta.

Χρειάζεσαι παπούτσια, σανδάλια και μπότες.
Χρειάζεσαι πετσέτες, σαπούνι και νυχοκόπτη.
Χρειάζεσαι χτένα, οδοντόβουρτσα και οδοντόκρεμα.

48 [achtundvierzig]

Urlaubsaktivitäten

Ist der Strand sauber?
Kann man dort baden?
Ist es nicht gefährlich, dort zu baden?

Kann man hier einen Sonnenschirm leihen?
Kann man hier einen Liegestuhl leihen?
Kann man hier ein Boot leihen?

Ich würde gern surfen.
Ich würde gern tauchen.
Ich würde gern Wasserski fahren.

Kann man ein Surfbrett mieten?
Kann man eine Taucherausrüstung mieten?
Kann man Wasserskier mieten?

Ich bin erst Anfänger.
Ich bin mittelgut.
Ich kenne mich damit schon aus.

Wo ist der Skilift?
Hast du denn Skier dabei?
Hast du denn Skischuhe dabei?

48 [σαράντα οκτώ]

Δραστηριότητες στις διακοπές

Είναι καθαρή η παραλία;
Μπορεί κανείς να κάνει μπάνιο εκεί;
Δεν είναι επικίνδυνο να κάνεις μπάνιο εκεί;

Μπορεί κανείς να δανειστεί εδώ μία ομπρέλα;
Μπορεί κανείς να δανειστεί εδώ μία σεζ-λονγκ;
Μπορεί κανείς να δανειστεί εδώ μία βάρκα;

Θα έκανα ευχαρίστως σέρφινγκ.
Θα έκανα ευχαρίστως κατάδυση.
Θα έκανα ευχαρίστως θαλάσσιο σκι.

Μπορεί κανείς να νοικιάσει μία σανίδα του σερφ;
Μπορεί κανείς να νοικιάσει εξοπλισμό κατάδυσης;
Μπορεί κανείς να νοικιάσει πέδιλα για θαλάσσιο σκι;

Είμαι αρχάριος.
Είμαι μέσου επιπέδου.
Είμαι αρκετά εξοικειωμένος με το άθλημα.

Πού είναι το τελεφερίκ;
Έχεις πέδιλα του σκι μαζί σου;
Έχεις παπούτσια του σκι μαζί σου;

49 [neunundvierzig]

49 [σαράντα εννέα]

Sport

Αθλητισμός

Treibst du Sport?	Κάνεις αθλητισμό;
Ja, ich muss mich bewegen.	Ναι, πρέπει να κινούμαι.
Ich gehe in einen Sportverein.	Πηγαίνω σε έναν αθλητικό σύλλογο.
Wir spielen Fußball.	Παίζουμε ποδόσφαιρο.
Manchmal schwimmen wir.	Πολλές φορές κολυμπάμε.
Oder wir fahren Rad.	Ή κάνουμε ποδήλατο.
In unserer Stadt gibt es ein Fußballstadion.	Στην πόλη μας έχουμε γήπεδο ποδοσφαίρου.
Es gibt auch ein Schwimmbad mit Sauna.	Υπάρχει και μία πισίνα με σάουνα.
Und es gibt einen Golfplatz.	Υπάρχει και γήπεδο γκολφ.
Was gibt es im Fernsehen?	Τι έχει η τηλεόραση;
Gerade gibt es ein Fußballspiel.	Τώρα έχει έναν αγώνα ποδοσφαίρου.
Die deutsche Mannschaft spielt gegen die englische.	Η γερμανική ομάδα παίζει εναντίον της αγγλικής.
Wer gewinnt?	Ποιος κερδίζει;
Ich habe keine Ahnung.	Δεν έχω ιδέα.
Im Moment steht es unentschieden.	Αυτή τη στιγμή είναι ισοπαλία.
Der Schiedsrichter kommt aus Belgien.	Ο διαιτητής είναι από το Βέλγιο.
Jetzt gibt es einen Elfmeter.	Τώρα εκτελείται πέναλτι.
Tor! Eins zu null!	Γκολ! Ένα-μηδέν!

50 [fünfzig]

Im Schwimmbad

50 [πενήντα]

Στην πισίνα

Heute ist es heiß.
Gehen wir ins Schwimmbad?
Hast du Lust, schwimmen zu gehen?

Σήμερα κάνει ζέστη.
Πάμε στην πισίνα;
Έχεις διάθεση για κολύμπι;

Hast du ein Handtuch?
Hast du eine Badehose?
Hast du einen Badeanzug?

Έχεις πετσέτα;
Έχεις μαγιό;
Έχεις μαγιό;

Kannst du schwimmen?
Kannst du tauchen?
Kannst du ins Wasser springen?

Ξέρεις κολύμπι;
Ξέρεις κατάδυση;
Ξέρεις να κάνεις βουτιές;

Wo ist die Dusche?
Wo ist die Umkleidekabine?
Wo ist die Schwimmbrille?

Πού είναι τα ντους;
Πού μπορεί να αλλάξει κανείς;
Πού είναι τα γυαλιά κολύμβησης;

Ist das Wasser tief?
Ist das Wasser sauber?
Ist das Wasser warm?

Είναι το νερό βαθύ;
Είναι το νερό καθαρό;
Είναι το νερό ζεστό;

Ich friere.
Das Wasser ist zu kalt.
Ich gehe jetzt aus dem Wasser.

Παγώνω.
Το νερό είναι πάρα πολύ κρύο.
Βγαίνω τώρα από το νερό.

51 [einundfünfzig]

Besorgungen machen

51 [πενήντα ένα]

Κάνω ψώνια

Ich will in die Bibliothek.
Ich will in die Buchhandlung.
Ich will zum Kiosk.

Θέλω να πάω στη βιβλιοθήκη.
Θέλω να πάω στο βιβλιοπωλείο.
Θέλω να πάω στο περίπτερο.

Ich will ein Buch leihen.
Ich will ein Buch kaufen.
Ich will eine Zeitung kaufen.

Θέλω να δανειστώ ένα βιβλίο.
Θέλω να αγοράσω ένα βιβλίο.
Θέλω να αγοράσω μία εφημερίδα.

Ich will in die Bibliothek, um ein Buch zu leihen.
Ich will in die Buchhandlung, um ein Buch zu kaufen.
Ich will zum Kiosk, um eine Zeitung zu kaufen.

Θέλω να πάω στη βιβλιοθήκη για να δανειστώ ένα βιβλίο.
Θέλω να πάω στο βιβλιοπωλείο για να αγοράσω ένα βιβλίο.
Θέλω να πάω στο περίπτερο για να αγοράσω μία εφημερίδα.

Ich will zum Optiker.
Ich will zum Supermarkt.
Ich will zum Bäcker.

Θέλω να πάω στο κατάστημα οπτικών.
Θέλω να πάω στο σούπερ μάρκετ.
Θέλω να πάω στον φούρνο.

Ich will eine Brille kaufen.
Ich will Obst und Gemüse kaufen.
Ich will Brötchen und Brot kaufen.

Θέλω να αγοράσω ένα ζευγάρι γυαλιά.
Θέλω να αγοράσω φρούτα και λαχανικά.
Θέλω να αγοράσω ψωμάκια και ψωμί.

Ich will zum Optiker, um eine Brille zu kaufen.
Ich will zum Supermarkt, um Obst und Gemüse zu kaufen.
Ich will zum Bäcker, um Brötchen und Brot zu kaufen.

Θέλω να πάω στο κατάστημα οπτικών για να αγοράσω ένα ζευγάρι γυαλιά.
Θέλω να πάω στο σούπερ μάρκετ για να αγοράσω φρούτα και λαχανικά.
Θέλω να πάω στο φούρνο για να αγοράσω ψωμάκια και ψωμί.

52 [zweiundfünfzig]

Im Kaufhaus

52 [πενήντα δύο]

Στο κατάστημα

Gehen wir in ein Kaufhaus?
Ich muss Einkäufe machen.
Ich will viel einkaufen.

Πάμε σε ένα πολυκατάστημα;
Πρέπει να ψωνίσω.
Θέλω να ψωνίσω πολλά πράγματα.

Wo sind die Büroartikel?
Ich brauche Briefumschläge und Briefpapier.
Ich brauche Kulis und Filzstifte.

Πού είναι τα είδη γραφείου;
Χρειάζομαι φακέλους και χαρτί αλληλογραφίας.
Χρειάζομαι στυλό και μαρκαδόρους.

Wo sind die Möbel?
Ich brauche einen Schrank und eine Kommode.
Ich brauche einen Schreibtisch und ein Regal.

Πού είναι τα έπιπλα;
Χρειάζομαι μία ντουλάπα και μία σιφινιέρα.
Χρειάζομαι ένα γραφείο και ένα ράφι.

Wo sind die Spielsachen?
Ich brauche eine Puppe und einen Teddybär.
Ich brauche einen Fußball und ein Schachspiel.

Πού είναι τα είδη παιχνιδιού;
Χρειάζομαι μία κούκλα και ένα αρκουδάκι.
Χρειάζομαι μία μπάλα ποδοσφαίρου και ένα σκάκι.

Wo ist das Werkzeug?
Ich brauche einen Hammer und eine Zange.
Ich brauche einen Bohrer und einen Schraubenzieher.

Πού είναι τα εργαλεία;
Χρειάζομαι ένα σφυρί και μία πένσα.
Χρειάζομαι ένα τρυπάνι και ένα κατσαβίδι.

Wo ist der Schmuck?
Ich brauche eine Kette und ein Armband.
Ich brauche einen Ring und Ohrringe.

Πού είναι τα κοσμήματα;
Χρειάζομαι μία αλυσίδα και ένα βραχιόλι.
Χρειάζομαι ένα δαχτυλίδι και σκουλαρίκια.

53 [dreiundfünfzig]

Geschäfte

53 [πενήντα τρία]

Μαγαζιά

Wir suchen ein Sportgeschäft.
Wir suchen eine Fleischerei.
Wir suchen eine Apotheke.

Ψάχνουμε μαγαζί με αθλητικά είδη.
Ψάχνουμε κρεοπωλείο.
Ψάχνουμε φαρμακείο.

Wir möchten nämlich einen Fußball kaufen.
Wir möchten nämlich Salami kaufen.
Wir möchten nämlich Medikamente kaufen.

Θέλουμε να αγοράσουμε μία μπάλα ποδοσφαίρου.
Θέλουμε να αγοράσουμε σαλάμι.
Θέλουμε να αγοράσουμε φάρμακα.

Wir suchen ein Sportgeschäft, um einen Fußball zu kaufen.
Wir suchen eine Fleischerei, um Salami zu kaufen.
Wir suchen eine Apotheke, um Medikamente zu kaufen.

Ψάχνουμε μαγαζί με αθλητικά είδη για να αγοράσουμε μία μπάλα ποδοσφαίρου.
Ψάχνουμε κρεοπωλείο για να αγοράσουμε σαλάμι.
Ψάχνουμε φαρμακείο για να αγοράσουμε φάρμακα.

Ich suche einen Juwelier.
Ich suche ein Fotogeschäft.
Ich suche eine Konditorei.

Ψάχνω κοσμηματοπωλείο.
Ψάχνω φωτογραφείο.
Ψάχνω ζαχαροπλαστείο.

Ich habe nämlich vor, einen Ring zu kaufen.
Ich habe nämlich vor, einen Film zu kaufen.
Ich habe nämlich vor, eine Torte zu kaufen.

Σκοπεύω να αγοράσω ένα δαχτυλίδι.
Σκοπεύω να αγοράσω ένα φιλμ.
Σκοπεύω να αγοράσω μία τούρτα.

Ich suche einen Juwelier, um einen Ring zu kaufen.
Ich suche ein Fotogeschäft, um einen Film zu kaufen.
Ich suche eine Konditorei, um eine Torte zu kaufen.

Ψάχνω κοσμηματοπωλείο για να αγοράσω ένα δαχτυλίδι.
Ψάχνω φωτογραφείο για να αγοράσω ένα φιλμ.
Ψάχνω ζαχαροπλαστείο για να αγοράσω μία τούρτα.

54 [vierundfünfzig]

Einkaufen

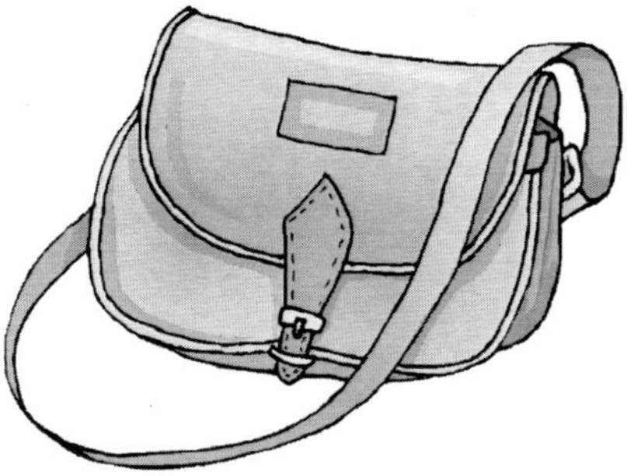

Ich möchte ein Geschenk kaufen.
Aber nichts allzu Teueres.
Vielleicht eine Handtasche?

Welche Farbe möchten Sie?
Schwarz, braun oder weiß?
Eine große oder eine kleine?

Darf ich diese mal sehen?
Ist die aus Leder?
Oder ist die aus Kunststoff?

Aus Leder natürlich.
Das ist eine besonders gute Qualität.
Und die Handtasche ist wirklich sehr preiswert.

Die gefällt mir.
Die nehme ich.
Kann ich die eventuell umtauschen?

Selbstverständlich.
Wir packen sie als Geschenk ein.
Dort drüben ist die Kasse.

54 [πενήντα τέσσερα]

Για ψώνια

Θα ήθελα να αγοράσω ένα δώρο.
Αλλά όχι κάτι πολύ ακριβό.
Μία τσάντα ίσως;

Τι χρώμα θα θέλατε;
Μαύρο, καφέ ή λευκό;
Μεγάλη ή μικρή;

Μπορώ να δω αυτή;
Είναι δερμάτινη;
Η είναι από συνθετικό υλικό;

Δερμάτινη φυσικά.
Είναι μία ιδιαίτερα καλή ποιότητα.
Και η τσάντα πραγματικά αξίζει τα λεφτά της.

Μου αρέσει.
Θα την πάρω.
Μπορώ ενδεχομένως να την αλλάξω;

Φυσικά.
Θα την τυλίξουμε για δώρο.
Εκεί πέρα είναι το ταμείο.

55 [fünfundfünfzig]

Arbeiten

55 [πενήντα πέντε]

Εργασία

Was machen Sie beruflich?
Mein Mann ist Arzt von Beruf.
Ich arbeite halbtags als Krankenschwester.

Τι δουλειά κάνετε;
Ο άντρας μου είναι γιατρός.
Εγώ δουλεύω λίγες ώρες την ημέρα ως νοσοκόμα.

Bald bekommen wir Rente.
Aber die Steuern sind hoch.
Und die Krankenversicherung ist hoch.

Και οι δύο είμαστε συνταξιούχοι.
Αλλά οι φόροι είναι υψηλοί.
Και η ιατρική ασφάλεια είναι δαπανηρή.

Was willst du einmal werden?
Ich möchte Ingenieur werden.
Ich will an der Universität studieren.

Τι θέλεις να γίνεις όταν μεγαλώσεις;
Θα ήθελα να γίνω μηχανικός.
Θέλω να σπουδάσω στο πανεπιστήμιο.

Ich bin Praktikant.
Ich verdiene nicht viel.
Ich mache ein Praktikum im Ausland.

Κάνω την πρακτική μου.
Δεν βγάζω πολλά.
Κάνω μία πρακτική στο εξωτερικό.

Das ist mein Chef.
Ich habe nette Kollegen.
Mittags gehen wir immer in die Kantine.

Αυτός είναι το αφεντικό μου.
Έχω συμπαθείς συναδέλφους.
Το μεσημέρι πηγαίνουμε πάντα στο κυλικείο.

Ich suche eine Stelle.
Ich bin schon ein Jahr arbeitslos.
In diesem Land gibt es zu viele Arbeitslose.

Ψάχνω για δουλειά.
Είμαι ήδη ένα χρόνο άνεργος.
Σε αυτή τη χώρα υπάρχουν υπερβολικά πολλοί άνεργοι.

56 [sechsundfünfzig]

56 [πενήντα έξι]

Gefühle

Συναισθήματα

Lust haben	έχω κέφι
Wir haben Lust.	Έχουμε κέφι.
Wir haben keine Lust.	Δεν έχουμε κέφι.
Angst haben	Φοβάμαι
Ich habe Angst.	Φοβάμαι.
Ich habe keine Angst.	Δεν φοβάμαι.
Zeit haben	έχω χρόνο
Er hat Zeit.	(Αυτός) Έχει χρόνο.
Er hat keine Zeit.	(Αυτός) Δεν έχει χρόνο.
Langeweile haben	Βαριέμαι
Sie hat Langeweile.	(Αυτή) Βαριέται.
Sie hat keine Langeweile.	(Αυτή) Δε βαριέται.
Hunger haben	Πεινάω
Habt ihr Hunger?	Πεινάτε;
Habt ihr keinen Hunger?	Δεν πεινάτε;
Durst haben	Διψάω
Sie haben Durst.	Διψάνε.
Sie haben keinen Durst.	Δεν διψάνε.

57 [siebenundfünfzig]

Beim Arzt

57 [πενήντα επτά]

Στον γιατρό

Ich habe einen Termin beim Arzt.
Ich habe den Termin um zehn Uhr.
Wie ist Ihr Name?

Έχω ένα ραντεβού στον γιατρό.
Το ραντεβού είναι στις 10.
Πώς είναι το όνομά σας;

Bitte nehmen Sie im Wartezimmer Platz.
Der Arzt kommt gleich.
Wo sind Sie versichert?

Παρακαλώ περιμένετε στην αίθουσα αναμονής.
Ο γιατρός θα έρθει αμέσως.
Πού είστε ασφαλισμένος / ασφαλισμένη;

Was kann ich für Sie tun?
Haben Sie Schmerzen?
Wo tut es weh?

Τι μπορώ να κάνω για σας;
Έχετε πόνους;
Πού πονάτε;

Ich habe immer Rückenschmerzen.
Ich habe oft Kopfschmerzen.
Ich habe manchmal Bauchschmerzen.

Πονάει συνέχεια η πλάτη μου.
Έχω συχνά πονοκεφάλους.
Πολλές φορές πονάει η κοιλιά μου.

Machen Sie bitte den Oberkörper frei!
Legen Sie sich bitte auf die Liege!
Der Blutdruck ist in Ordnung.

Παρακαλώ γδυθείτε από τη μέση και πάνω!
Παρακαλώ ξαπλώστε!
Η πίεση είναι εντάξει.

Ich gebe Ihnen eine Spritze.
Ich gebe Ihnen Tabletten.
Ich gebe Ihnen ein Rezept für die Apotheke.

Θα σας κάνω μία ένεση.
Θα σας δώσω χάπια.
Θα σας δώσω μία συνταγή για το φαρμακείο.

58 [achtundfünfzig]

Körperteile

Ich zeichne einen Mann.
Zuerst den Kopf.
Der Mann trägt einen Hut.

Die Haare sieht man nicht.
Die Ohren sieht man auch nicht.
Den Rücken sieht man auch nicht.

Ich zeichne die Augen und den Mund.
Der Mann tanzt und lacht.
Der Mann hat eine lange Nase.

Er trägt einen Stock in den Händen.
Er trägt auch einen Schal um den Hals.
Es ist Winter und es ist kalt.

Die Arme sind kräftig.
Die Beine sind auch kräftig.
Der Mann ist aus Schnee.

Er trägt keine Hose und keinen Mantel.
Aber der Mann friert nicht.
Er ist ein Schneemann.

58 [πενήντα οκτώ]

Μέρη του σώματος

Σχεδιάζω έναν άντρα.
Πρώτα το κεφάλι.
Ο άντρας φοράει καπέλο.

Τα μαλλιά δεν φαίνονται.
Ούτε τα αυτιά φαίνονται.
Ούτε η πλάτη φαίνεται.

Σχεδιάζω τα μάτια και το στόμα.
Ο άντρας χορεύει και γελάει.
Ο άντρας έχει μεγάλη μύτη.

Κρατάει ένα μπαστούνι στα χέρια.
Φοράει και ένα κασκόλ γύρω από το λαιμό.
Είναι χειμώνας και κάνει κρύο.

Τα χέρια είναι γυμνασμένα.
Τα πόδια είναι επίσης γυμνασμένα.
Ο άντρας είναι από χιόνι.

Δεν φοράει παντελόνι, ούτε παλτό.
Αλλά ο άντρας δεν παγώνει.
Είναι ένας χιονάνθρωπος.

59 [neunundfünfzig]

Im Postamt

59 [πενήντα εννέα]

Στο ταχυδρομείο

Wo ist das nächste Postamt?
Ist es weit bis zum nächsten Postamt?
Wo ist der nächste Briefkasten?

Πού είναι το πλησιέστερο ταχυδρομείο;
Είναι μακριά ως το πλησιέστερο ταχυδρομείο;
Πού είναι το πλησιέστερο γραμματοκιβώτιο;

Ich brauche ein paar Briefmarken.
Für eine Karte und einen Brief.
Wie teuer ist das Porto nach Amerika?

Χρειάζομαι δύο γραμματόσημα.
Για μία κάρτα και ένα γράμμα.
Πόσο κοστίζει ένα γραμματόσημο για Αμερική;

Wie schwer ist das Paket?
Kann ich es per Luftpost schicken?
Wie lange dauert es, bis es ankommt?

Πόσο ζυγίζει το πακέτο;
Μπορώ να το στείλω αεροπορικώς;
Πόσο θα κάνει μέχρι να φτάσει;

Wo kann ich telefonieren?
Wo ist die nächste Telefonzelle?
Haben Sie Telefonkarten?

Πού μπορώ να κάνω ένα τηλέφωνο;
Πού είναι ο πλησιέστερος τηλεφωνικός θάλαμος;
Έχετε τηλεκάρτες;

Haben Sie ein Telefonbuch?
Kennen Sie die Vorwahl von Österreich?
Einen Augenblick, ich schau mal nach.

Έχετε τηλεφωνικό κατάλογο;
Ξέρετε τον κωδικό κλήσης της Αυστρίας;
Μια στιγμή, θα κοιτάξω.

Die Leitung ist immer besetzt.
Welche Nummer haben Sie gewählt?
Sie müssen zuerst die Null wählen!

Η γραμμή είναι πάντα κατειλημμένη.
Ποιον αριθμό πήρατε;
Πρέπει πρώτα να πάρετε το μηδέν!

60 [sechzig]

In der Bank

60 [εξήντα]

Στην τράπεζα

Ich möchte ein Konto eröffnen.
Hier ist mein Pass.
Und hier ist meine Adresse.

Θα ήθελα να ανοίξω έναν λογαριασμό.
Ορίστε το διαβατήριό μου.
Και αυτή είναι η διεύθυνσή μου.

Ich möchte Geld auf mein Konto einzahlen.
Ich möchte Geld von meinem Konto abheben.
Ich möchte die Kontoauszüge abholen.

Θα ήθελα να καταθέσω χρήματα στον λογαριασμό μου.
Θα ήθελα να κάνω ανάληψη από τον λογαριασμό μου.
Θα ήθελα να κάνω ενημέρωση του λογαριασμού μου.

Ich möchte einen Reisescheck einlösen.
Wie hoch sind die Gebühren?
Wo muss ich unterschreiben?

Θα ήθελα να εξαργυρώσω μία ταξιδιωτική επιταγή
Πόσο είναι η επιβάρυνση;
Πού πρέπει να υπογράψω;

Ich erwarte eine Überweisung aus Deutschland.
Hier ist meine Kontonummer.
Ist das Geld angekommen?

Περιμένω ένα έμβασμα από Γερμανία.
Ορίστε ο αριθμός του λογαριασμού μου.
Έχουν έρθει τα χρήματα;

Ich möchte dieses Geld wechseln.
Ich brauche US-Dollar.
Bitte geben Sie mir kleine Scheine.

Θα ήθελα συνάλλαγμα.
Χρειάζομαι δολάρια Αμερικής.
Παρακαλώ δώστε μου μικρά χαρτονομίσματα.

Gibt es hier einen Geldautomat?
Wie viel Geld kann man abheben?
Welche Kreditkarten kann man benutzen?

Υπάρχει εδώ μηχάνημα αυτόματης ανάληψης;
Πόσα χρήματα μπορεί να βγάλει κανείς;
Ποιες πιστωτικές κάρτες μπορεί να χρησιμοποιήσει κανείς;

61 [einundsechzig]

Ordinalzahlen

61 [εξήντα ένα]

Αριθμητικά

Der erste Monat ist der Januar.
Der zweite Monat ist der Februar.
Der dritte Monat ist der März.

Ο πρώτος μήνας είναι ο Ιανουάριος.
Ο δεύτερος μήνας είναι ο Φεβρουάριος.
Ο τρίτος μήνας είναι ο Μάρτιος.

Der vierte Monat ist der April.
Der fünfte Monat ist der Mai.
Der sechste Monat ist der Juni.

Ο τέταρτος μήνας είναι ο Απρίλιος.
Ο πέμπτος μήνας είναι ο Μάιος.
Ο έκτος μήνας είναι ο Ιούνιος.

Sechs Monate sind ein halbes Jahr.
Januar, Februar, März,
April, Mai und Juni.

Έξι μήνες είναι μισός χρόνος.
Ιανουάριος, Φεβρουάριος, Μάρτιος,
Απρίλιος, Μάιος και Ιούνιος.

Der siebte Monat ist der Juli.
Der achte Monat ist der August.
Der neunte Monat ist der September.

Ο έβδομος μήνας είναι ο Ιούλιος.
Ο όγδοος μήνας είναι ο Αύγουστος.
Ο ένατος μήνας είναι ο Σεπτέμβριος.

Der zehnte Monat ist der Oktober.
Der elfte Monat ist der November.
Der zwölfte Monat ist der Dezember.

Ο δέκατος μήνας είναι ο Οκτώβριος.
Ο ενδέκατος μήνας είναι ο Νοέμβριος.
Ο δωδέκατος μήνας είναι ο Δεκέμβριος.

Zwölf Monate sind ein Jahr.
Juli, August, September,
Oktober, November und Dezember.

Δώδεκα μήνες είναι ένας χρόνος.
Ιούλιος, Αύγουστος, Σεπτέμβριος,
Οκτώβριος, Νοέμβριος και Δεκέμβριος.

62 [zweiundsechzig]

Fragen stellen 1

lernen
Lernen die Schüler viel?
Nein, sie lernen wenig.

fragen
Fragen Sie oft den Lehrer?
Nein, ich frage ihn nicht oft.

antworten
Antworten Sie, bitte.
Ich antworte.

arbeiten
Arbeitet er gerade?
Ja, er arbeitet gerade.

kommen
Kommen Sie?
Ja, wir kommen gleich.

wohnen
Wohnen Sie in Berlin?
Ja, ich wohne in Berlin.

62 [εξήντα δύο]

Θέτω ερωτήσεις 1

Διαβάζω
Διαβάζουν οι μαθητές πολύ;
Όχι, διαβάζουν λίγο.

ρωτάω
Ρωτάτε συχνά τον δάσκαλο;
Όχι, δεν τον ρωτάω συχνά.

απαντάω
Απαντήστε παρακαλώ.
Απαντάω.

δουλεύω
(Αυτός) Δουλεύει τώρα;
Ναι, δουλεύει τώρα.

έρχομαι
Έρχεστε;
Ναι, ερχόμαστε αμέσως.

μένω
Μένετε στο Βερολίνο;
Ναι, μένω στο Βερολίνο.

63 [dreiundsechzig]

Fragen stellen 2

63 [εξήντα τρία]

Θέτω ερωτήσεις 2

Ich habe ein Hobby.
Ich spiele Tennis.
Wo ist ein Tennisplatz?

Έχω ένα χόμπι.
Παίζω τένις.
Πού υπάρχει γήπεδο τένις;

Hast du ein Hobby?
Ich spiele Fußball.
Wo ist ein Fußballplatz?

Εσύ έχεις κάποιο χόμπι;
Παίζω ποδόσφαιρο.
Πού υπάρχει γήπεδο ποδοσφαίρου;

Mein Arm tut weh.
Mein Fuß und meine Hand tun auch weh.
Wo ist ein Doktor?

Πονάει το χέρι μου.
Πονάει το πόδι μου και το χέρι μου.
Πού υπάρχει ένας γιατρός;

Ich habe ein Auto.
Ich habe auch ein Motorrad.
Wo ist ein Parkplatz?

Έχω ένα αυτοκίνητο.
Έχω μία μηχανή.
Πού υπάρχει χώρος στάθμευσης / πάρκινγκ;

Ich habe einen Pullover.
Ich habe auch eine Jacke und eine Jeans.
Wo ist die Waschmaschine?

Έχω ένα πουλόβερ.
Έχω επίσης ένα μπουφάν και ένα τζιν παντελόνι.
Πού υπάρχει πλυντήριο;

Ich habe einen Teller.
Ich habe ein Messer, eine Gabel und einen Löffel.
Wo sind Salz und Pfeffer?

Έχω ένα πιάτο.
Έχω ένα μαχαίρι, ένα πηρούνι και ένα κουτάλι.
Που υπάρχει αλάτι και πιπέρι;

64 [vierundsechzig]

Verneinung 1

64 [εξήντα τέσσερα]

Άρνηση 1

Ich verstehe das Wort nicht.
Ich verstehe den Satz nicht.
Ich verstehe die Bedeutung nicht.

der Lehrer
Verstehen Sie den Lehrer?
Ja, ich verstehe ihn gut.

die Lehrerin
Verstehen Sie die Lehrerin?
Ja, ich verstehe sie gut.

die Leute
Verstehen Sie die Leute?
Nein, ich verstehe sie nicht so gut.

die Freundin
Haben Sie eine Freundin?
Ja, ich habe eine.

die Tochter
Haben Sie eine Tochter?
Nein, ich habe keine.

Δεν καταλαβαίνω την λέξη.
Δεν καταλαβαίνω την πρόταση.
Δεν καταλαβαίνω την σημασία.

ο δάσκαλος
Καταλαβαίνετε τον δάσκαλο;
Ναι, τον καταλαβαίνω καλά.

η δασκάλα.
Καταλαβαίνετε την δασκάλα;
Ναι, την καταλαβαίνω καλά.

οι άνθρωποι
Καταλαβαίνετε τους ανθρώπους;
Όχι, δεν τους καταλαβαίνω τόσο καλά.

η φίλη
Έχετε φίλη;
Ναι, έχω.

η κόρη
Έχετε κόρη;
Όχι, δεν έχω.

65 [fünfundsechzig]

Verneinung 2

65 [εξήντα πέντε]

Άρνηση 2

Ist der Ring teuer?
Nein, er kostet nur hundert Euro.
Aber ich habe nur fünfzig.

Είναι το δαχτυλίδι ακριβό;
Όχι, κοστίζει μόνο εκατό ευρώ.
Όμως έχω μόνο πενήντα.

Bist du schon fertig?
Nein, noch nicht.
Aber gleich bin ich fertig.

Είσαι έτοιμος / έτοιμη;
Όχι ακόμα.
Αλλά σε πολύ λίγο θα είμαι (έτοιμος / έτοιμη).

Möchtest du noch Suppe?
Nein, ich will keine mehr.
Aber noch ein Eis.

Θα ήθελες και άλλη σούπα;
Όχι, δεν θέλω άλλη σούπα.
Αλλά ένα παγωτό.

Wohnst du schon lange hier?
Nein, erst einen Monat.
Aber ich kenne schon viele Leute.

Μένεις καιρό εδώ;
Όχι, μόνο έναν μήνα.
Αλλά έχω ήδη πολλούς γνωστούς.

Fährst du morgen nach Hause?
Nein, erst am Wochenende.
Aber ich komme schon am Sonntag zurück.

Πας αύριο σπίτι;
Όχι, το σαββατοκύριακο.
Αλλά την Κυριακή κιόλας θα επιστρέψω.

Ist deine Tochter schon erwachsen?
Nein, sie ist erst siebzehn.
Aber sie hat schon einen Freund.

Έχει ενηλικιωθεί η κόρη σου;
Όχι, είναι μόλις δεκαεπτά.
Αλλά έχει ήδη φίλο.

66 [sechsundsechzig]

Possessivpronomen 1

ich - mein
Ich finde meinen Schlüssel nicht.
Ich finde meine Fahrkarte nicht.

du - dein
Hast du deinen Schlüssel gefunden?
Hast du deine Fahrkarte gefunden?

er - sein
Weißt du, wo sein Schlüssel ist?
Weißt du, wo seine Fahrkarte ist?

sie - ihr
Ihr Geld ist weg.
Und ihre Kreditkarte ist auch weg.

wir - unser
Unser Opa ist krank.
Unsere Oma ist gesund.

ihr - euer
Kinder, wo ist euer Vati?
Kinder, wo ist eure Mutti?

66 [εξήντα έξι]

Κτητικές αντωνυμίες 1

εγώ - δικό μου
Δεν βρίσκω το κλειδί μου.
Δεν βρίσκω το εισιτήριό μου.

εσύ - δικό σου
Βρήκες το κλειδί σου;
Βρήκες το εισιτήριό σου;

αυτός - δικό του
Ξέρεις πού είναι το κλειδί του;
Ξέρεις πού είναι το εισιτήριο του;

αυτή - δικό της
Έχασε τα λεφτά της.
Έχασε και την πιστωτική της κάρτα.

εμείς - δικό μας
Ο παππούς μας είναι άρρωστος.
Η γιαγιά μας είναι υγιής.

εσείς - δικό σας
Παιδιά, πού είναι ο μπαμπάς σας;
Παιδιά, πού είναι η μαμά σας;

67 [siebenundsechzig]

Possessivpronomen 2

67 [εξήντα επτά]

Κτητικές αντωνυμίες 2

die Brille
Er hat seine Brille vergessen.
Wo hat er denn seine Brille?

τα γυαλιά
Ξέχασε τα γυαλιά του.
Μα πού έχει τα γυαλιά του;

die Uhr
Seine Uhr ist kaputt.
Die Uhr hängt an der Wand.

το ρολόι
Το ρολόι του χάλασε.
Το ρολόι κρέμεται στον τοίχο.

der Pass
Er hat seinen Pass verloren.
Wo hat er denn seinen Pass?

το διαβατήριο
Έχασε το διαβατήριό του.
Μα πού έχει το διαβατήριό του;

sie - ihr
Die Kinder können ihre Eltern nicht finden.
Aber da kommen ja ihre Eltern!

αυτά - δικό τους
Τα παιδιά δεν μπορούν να βρουν τους γονείς τους.
Αλλά να, έρχονται οι γονείς τους!

Sie - Ihr
Wie war Ihre Reise, Herr Müller?
Wo ist Ihre Frau, Herr Müller?

εσείς - δικό σας
Πώς ήταν το ταξίδι σας, κύριε Müller;
Πού είναι η γυναίκα σας, κύριε Müller;

Sie - Ihr
war Ihre Reise, Frau Schmidt?
st Ihr Mann, Frau Schmidt?

εσείς - δικό σας
Πώς ήταν το ταξίδι σας, κυρία Schmidt;
Πού είναι ο άντρας σας, κυρία Schmidt;

68 [achtundsechzig]

groß - klein

68 [εξήντα οκτώ]

μεγάλο - μικρό

groß und klein
Der Elefant ist groß.
Die Maus ist klein.

μεγάλο και μικρό
Ο ελέφαντας είναι μεγάλος.
Το ποντίκι είναι μικρό.

dunkel und hell
Die Nacht ist dunkel.
Der Tag ist hell.

σκοτεινός και φωτεινός
Η νύχτα είναι σκοτεινή.
Η μέρα είναι φωτεινή.

alt und jung
Unser Großvater ist sehr alt.
Vor 70 Jahren war er noch jung.

μεγάλος και μικρός (σε ηλικία)
Ο παππούς μας είναι πολύ μεγάλος.
Πριν 70 χρόνια ήταν ακόμη νέος.

schön und hässlich
Der Schmetterling ist schön.
Die Spinne ist hässlich.

όμορφος και άσχημος
Η πεταλούδα είναι όμορφη.
Η αράχνη είναι άσχημη.

dick und dünn
Eine Frau mit 100 Kilo ist dick.
Ein Mann mit 50 Kilo ist dünn.

χοντρός και αδύνατος
Μία γυναίκα βάρους 100 κιλών είναι χοντρή.
Ένας άντρας βάρους 50 κιλών είναι αδύνατος.

teuer und billig
Das Auto ist teuer.
Die Zeitung ist billig.

ακριβό και φτηνό
Το αυτοκίνητο είναι ακριβό.
Η εφημερίδα είναι φτηνή.

69 [neunundsechzig]

brauchen - wollen

Ich brauche ein Bett.
Ich will schlafen.
Gibt es hier ein Bett?

Ich brauche eine Lampe.
Ich will lesen.
Gibt es hier eine Lampe?

Ich brauche ein Telefon.
Ich will telefonieren.
Gibt es hier ein Telefon?

Ich brauche eine Kamera.
Ich will fotografieren.
Gibt es hier eine Kamera?

Ich brauche einen Computer.
Ich will eine E-Mail schicken.
Gibt es hier einen Computer?

Ich brauche einen Kuli.
Ich will etwas schreiben.
hier ein Blatt Papier und einen Kuli?

69 [εξήντα εννέα]

χρειάζομαι - θέλω

Χρειάζομαι ένα κρεβάτι.
Θέλω να κοιμηθώ.
Υπάρχει εδώ ένα κρεβάτι;

Χρειάζομαι μία λάμπα.
Θέλω να διαβάσω.
Υπάρχει εδώ μία λάμπα;

Χρειάζομαι ένα τηλέφωνο.
Θέλω να τηλεφωνήσω.
Υπάρχει εδώ τηλέφωνο;

Χρειάζομαι μία κάμερα.
Θέλω να τραβήξω φωτογραφίες.
Υπάρχει εδώ μία κάμερα;

Χρειάζομαι έναν υπολογιστή.
Θέλω να στείλω ένα e-mail.
Υπάρχει εδώ υπολογιστής;

Χρειάζομαι ένα στυλό.
Θέλω να γράψω κάτι.
Υπάρχει εδώ ένα φύλλο χαρτί και ένα στυλό;

70 [siebzig]

etwas *mögen*

Möchten Sie rauchen?
Möchten Sie tanzen?
Möchten Sie spazieren gehen?

Ich möchte rauchen.
Möchtest du eine Zigarette?
Er möchte Feuer.

Ich möchte etwas trinken.
Ich möchte etwas essen.
Ich möchte mich etwas ausruhen.

Ich möchte Sie etwas fragen.
Ich möchte Sie um etwas bitten.
Ich möchte Sie zu etwas einladen.

Was möchten Sie bitte?
Möchten Sie einen Kaffee?
Oder möchten Sie lieber einen Tee?

Wir möchten nach Hause fahren.
Möchtet ihr ein Taxi?
Sie möchten telefonieren.

70 [εβδομήντα]

θα ήθελα κάτι

Θα θέλατε να καπνίσετε;
Θα θέλατε να χορέψετε;
Θα θέλατε να πάμε περίπατο;

Θα ήθελα να καπνίσω.
Θα ήθελες ένα τσιγάρο;
Θα ήθελε φωτιά.

Θα ήθελα να πιω κάτι.
Θα ήθελα να φάω κάτι.
Θα ήθελα να ξεκουραστώ λίγο.

Θα ήθελα να σας ρωτήσω κάτι.
Θα ήθελα να σας παρακαλέσω για κάτι.
Θα ήθελα να σας καλέσω σε κάτι.

Τι θα θέλατε παρακαλώ;
Θα θέλατε έναν καφέ;
Ή μήπως θα προτιμούσατε ένα τσάι;

Θα θέλαμε να πάμε σπίτι.
Θα θέλατε ένα ταξί;
Θα ήθελαν να κάνουν ένα τηλέφωνο.

71 [einundsiebzig]

etwas *wollen*

71 [εβδομήντα ένα]

θέλω κάτι

Was wollt ihr?
Wollt ihr Fußball spielen?
Wollt ihr Freunde besuchen?

Τι θέλετε;
Θέλετε να παίξουμε ποδόσφαιρο;
Θέλετε να επισκεφτούμε φίλους;

wollen
Ich will nicht spät kommen.
Ich will nicht hingehen.

θέλω
Δεν θέλω να αργήσω.
Δεν θέλω να πάω.

Ich will nach Hause gehen.
Ich will zu Hause bleiben.
Ich will allein sein.

Θέλω να πάω σπίτι.
Θέλω να μείνω (στο) σπίτι.
Θέλω να μείνω μόνος / μόνη.

Willst du hier bleiben?
Willst du hier essen?
Willst du hier schlafen?

Θέλεις να μείνουμε εδώ;
Θέλεις να φάμε εδώ;
Θέλεις να κοιμηθούμε εδώ;

Wollen Sie morgen abfahren?
Wollen Sie bis morgen bleiben?
Wollen Sie die Rechnung erst morgen bezahlen?

Θέλετε να φύγετε αύριο;
Θέλετε να μείνετε ως αύριο;
Θέλετε να πληρώσετε αύριο το λογαριασμό;

Wollt ihr in die Disko?
Wollt ihr ins Kino?
Wollt ihr ins Café?

Θέλετε να πάμε στη ντίσκο;
Θέλετε να πάμε σινεμά;
Θέλετε να πάμε στην καφετέρια;

72 [zweiundsiebzig]

72 [εβδομήντα δύο]

etwas *müssen*

πρέπει να κάνω κάτι

müssen
Ich muss den Brief verschicken.
Ich muss das Hotel bezahlen.

Du musst früh aufstehen.
Du musst viel arbeiten.
Du musst pünktlich sein.

Er muss tanken.
Er muss das Auto reparieren.
Er muss das Auto waschen.

Sie muss einkaufen.
Sie muss die Wohnung putzen.
Sie muss die Wäsche waschen.

Wir müssen gleich zur Schule gehen.
Wir müssen gleich zur Arbeit gehen.
Wir müssen gleich zum Arzt gehen.

Ihr müsst auf den Bus warten.
Ihr müsst auf den Zug warten.
Ihr müsst auf das Taxi warten.

πρέπει
Πρέπει να στείλω το γράμμα.
Πρέπει να πληρώσω το ξενοδοχείο.

Πρέπει να σηκωθείς νωρίς.
Πρέπει να δουλέψεις πολύ.
Πρέπει να είσαι συνεπής.

Πρέπει να βάλει βενζίνη.
Πρέπει να επισκευάσει το αυτοκίνητο.
Πρέπει να πλύνει το αυτοκίνητο.

Πρέπει να ψωνίσει.
Πρέπει να καθαρίσει το σπίτι.
Πρέπει να πλύνει τα ρούχα.

Πρέπει να πάμε αμέσως στο σχολείο.
Πρέπει να πάμε αμέσως στη δουλειά.
Πρέπει να πάμε αμέσως στο γιατρό.

Πρέπει να περιμένετε το λεωφορείο.
Πρέπει να περιμένετε το τρένο.
Πρέπει να περιμένετε το ταξί.

73 [dreiundsiebzig]

73 [εβδομήντα τρία]

etwas *dürfen*

επιτρέπεται να κάνω κάτι

Darfst du schon Auto fahren?	Σου επιτρέπεται να οδηγείς αυτοκίνητο;
Darfst du schon Alkohol trinken?	Σου επιτρέπεται να πίνεις αλκοόλ;
Darfst du schon allein ins Ausland fahren?	Σου επιτρέπεται να ταξιδεύεις μόνος στο εξωτερικό;
dürfen	επιτρέπεται / μπορώ
Dürfen wir hier rauchen?	Μπορούμε να καπνίσουμε εδώ;
Darf man hier rauchen?	Επιτρέπεται το κάπνισμα εδώ;
Darf man mit Kreditkarte bezahlen?	Μπορεί κανείς να πληρώσει με πιστωτική κάρτα;
Darf man mit Scheck bezahlen?	Μπορεί κανείς να πληρώσει με επιταγή;
Darf man nur bar bezahlen?	Μόνο μετρητά μπορεί να πληρώσει κανείς;
Darf ich mal eben telefonieren?	Μπορώ να κάνω ένα τηλέφωνο;
Darf ich mal eben etwas fragen?	Μπορώ να ρωτήσω κάτι;
Darf ich mal eben etwas sagen?	Μπορώ να πω κάτι;
Er darf nicht im Park schlafen.	Δεν επιτρέπεται να κοιμηθεί στο πάρκο.
Er darf nicht im Auto schlafen.	Δεν επιτρέπεται να κοιμηθεί στο αυτοκίνητο.
Er darf nicht im Bahnhof schlafen.	Δεν επιτρέπεται να κοιμηθεί στον σταθμό του τρένου.
Dürfen wir Platz nehmen?	Μπορούμε να καθίσουμε;
wir die Speisekarte haben?	Μπορούμε να έχουμε το μενού;
n wir getrennt zahlen?	Μπορούμε να πληρώσουμε χωριστά;

74 [vierundsiebzig]

um etwas *bitten*

74 [εβδομήντα τέσσερα]

παρακαλώ για κάτι

Können Sie mir die Haare schneiden?
Nicht zu kurz, bitte.
Etwas kürzer, bitte.

Μπορείτε να μου κόψετε τα μαλλιά;
Όχι πολύ κοντά παρακαλώ.
Λίγο πιο κοντά παρακαλώ.

Können Sie die Bilder entwickeln?
Die Fotos sind auf der CD.
Die Fotos sind in der Kamera.

Μπορείτε να εμφανίσετε τις φωτογραφίες;
Οι φωτογραφίες είναι στο CD.
Οι φωτογραφίες είναι στην κάμερα.

Können Sie die Uhr reparieren?
Das Glas ist kaputt.
Die Batterie ist leer.

Μπορείτε να επισκευάσετε το ρολόι;
Έσπασε το γυαλί.
Τέλειωσε η μπαταρία.

Können Sie das Hemd bügeln?
Können Sie die Hose reinigen?
Können Sie die Schuhe reparieren?

Μπορείτε να σιδερώσετε το πουκάμισο;
Μπορείτε να καθαρίσετε το παντελόνι;
Μπορείτε να φτιάξετε τα παπούτσια;

Können Sie mir Feuer geben?
Haben Sie Streichhölzer oder ein Feuerzeug?
Haben Sie einen Aschenbecher?

Μπορείτε να μου δώσετε φωτιά;
Έχετε σπίρτα ή αναπτήρα;
Έχετε σταχτοδοχείο;

Rauchen Sie Zigarren?
Rauchen Sie Zigaretten?
Rauchen Sie Pfeife?

Καπνίζετε πούρα;
Καπνίζετε τσιγάρα;
Καπνίζετε πίπα;

75 [fünfundsiebzig]

etwas *begründen* 1

75 [εβδομήντα πέντε]

Δικαιολογώ κάτι 1

Warum kommen Sie nicht?
Das Wetter ist so schlecht.
Ich komme nicht, weil das Wetter so schlecht ist.

Γιατί δεν έρχεστε;
Ο καιρός είναι χάλια.
Δεν έρχομαι επειδή ο καιρός είναι χάλια.

Warum kommt er nicht?
Er ist nicht eingeladen.
Er kommt nicht, weil er nicht eingeladen ist.

Γιατί δεν έρχεται;
Δεν τον κάλεσαν.
Δεν έρχεται επειδή δεν τον κάλεσαν.

Warum kommst du nicht?
Ich habe keine Zeit.
Ich komme nicht, weil ich keine Zeit habe.

Γιατί δεν έρχεσαι;
Δεν έχω χρόνο.
Δεν έρχομαι επειδή δεν έχω χρόνο.

Warum bleibst du nicht?
Ich muss noch arbeiten.
Ich bleibe nicht, weil ich noch arbeiten muss.

Γιατί δεν μένεις;
Έχω ακόμα δουλειά.
Δεν μένω επειδή έχω ακόμα δουλειά.

Warum gehen Sie schon?
Ich bin müde.
Ich gehe, weil ich müde bin.

Γιατί φεύγετε κιόλας;
Είμαι κουρασμένος / κουρασμένη.
Φεύγω επειδή είμαι κουρασμένος / κουρασμένη.

Warum fahren Sie schon?
Es ist schon spät.
Ich fahre, weil es schon spät ist.

Γιατί φεύγετε κιόλας;
Είναι ήδη αργά.
Φεύγω επειδή είναι ήδη αργά.

76 [sechsundsiebzig]

etwas *begründen* 2

76 [εβδομήντα έξι]

Διακαιολογώ κάτι 2

Warum bist du nicht gekommen?
Ich war krank.
Ich bin nicht gekommen, weil ich krank war.

Γιατί δεν ήρθες;
Ήμουν άρρωστος / άρρωστη.
Δεν ήρθα επειδή ήμουν άρρωστος / άρρωστη.

Warum ist sie nicht gekommen?
Sie war müde.
Sie ist nicht gekommen, weil sie müde war.

Γιατί δεν ήρθε;
Ήταν κουρασμένη.
Δεν ήρθε επειδή ήταν κουρασμένη.

Warum ist er nicht gekommen?
Er hatte keine Lust.
Er ist nicht gekommen, weil er keine Lust hatte.

Γιατί δεν ήρθε;
Δεν είχε κέφι / διάθεση.
Δεν ήρθε επειδή δεν είχε κέφι / διάθεση.

Warum seid ihr nicht gekommen?
Unser Auto ist kaputt.
Wir sind nicht gekommen, weil unser Auto kaputt ist.

Γιατί δεν ήρθατε;
Χάλασε το αυτοκίνητό μας.
Δεν ήρθαμε επειδή χάλασε το αυτοκίνητό μας.

Warum sind die Leute nicht gekommen?
Sie haben den Zug verpasst.
Sie sind nicht gekommen, weil sie den Zug verpasst haben.

Γιατί δεν ήρθε ο κόσμος;
Έχασαν το τρένο.
Δεν ήρθαν επειδή έχασαν το τρένο.

Warum bist du nicht gekommen?
Ich durfte nicht.
Ich bin nicht gekommen, weil ich nicht durfte.

Γιατί δεν ήρθες;
Δεν μου επιτρεπόταν.
Δεν ήρθα επειδή δεν μου επιτρεπόταν.

77 [siebenundsiebzig]

etwas *begründen* 3

77 [εβδομήντα επτά]

Δικαιολογώ κάτι 3

Warum essen Sie die Torte nicht?
Ich muss abnehmen.
Ich esse sie nicht, weil ich abnehmen muss.

Γιατί δεν τρώτε την τούρτα;
Πρέπει να χάσω κιλά.
Δεν την τρώω επειδή πρέπει να χάσω κιλά.

Warum trinken Sie das Bier nicht?
Ich muss noch fahren.
Ich trinke es nicht, weil ich noch fahren muss.

Γιατί δεν πίνετε την μπύρα;
Πρέπει να οδηγήσω μετά.
Δεν την πίνω επειδή πρέπει να οδηγήσω μετά.

Warum trinkst du den Kaffee nicht?
Er ist kalt.
Ich trinke ihn nicht, weil er kalt ist.

Γιατί δεν πίνεις τον καφέ;
Είναι κρύος.
Δεν τον πίνω επειδή είναι κρύος.

Warum trinkst du den Tee nicht?
Ich habe keinen Zucker.
Ich trinke ihn nicht, weil ich keinen Zucker habe.

Γιατί δεν πίνεις το τσάι;
Δεν έχω ζάχαρη.
Δεν το πίνω επειδή δεν έχω ζάχαρη.

Warum essen Sie die Suppe nicht?
Ich habe sie nicht bestellt.
Ich esse sie nicht, weil ich sie nicht bestellt habe.

Γιατί δεν τρώτε τη σούπα;
Δεν την παρήγγειλα.
Δεν την τρώω επειδή δεν την παρήγγειλα.

Warum essen Sie das Fleisch nicht?
Ich bin Vegetarier.
Ich esse es nicht, weil ich Vegetarier bin.

Γιατί δεν τρώτε το κρέας;
Είμαι χορτοφάγος.
Δεν το τρώω επειδή είμαι χορτοφάγος.

78 [achtundsiebzig]

Adjektive 1

78 [εβδομήντα οκτώ]

Επίθετα 1

eine alte Frau	μία μεγάλη γυναίκα
eine dicke Frau	μία χοντρή γυναίκα
eine neugierige Frau	μία περίεργη γυναίκα
ein neuer Wagen	ένα καινούργιο αυτοκίνητο
ein schneller Wagen	ένα γρήγορο αυτοκίνητο
ein bequemer Wagen	ένα άνετο αυτοκίνητο
ein blaues Kleid	ένα μπλε φόρεμα
ein rotes Kleid	ένα κόκκινο φόρεμα
ein grünes Kleid	ένα πράσινο φόρεμα
eine schwarze Tasche	μία μαύρη τσάντα
eine braune Tasche	μία καφέ τσάντα
eine weiße Tasche	μία λευκή τσάντα
nette Leute	συμπαθητικοί άνθρωποι
höfliche Leute	ευγενικοί άνθρωποι
interessante Leute	ενδιαφέροντες άνθρωποι
liebe Kinder	αγαπητά παιδιά
freche Kinder	αυθάδη παιδιά
brave Kinder	φρόνιμα παιδιά

79 [neunundsiebzig]

79 [εβδομήντα εννέα]

Adjektive 2

Επίθετα 2

Ich habe ein blaues Kleid an.
Ich habe ein rotes Kleid an.
Ich habe ein grünes Kleid an.

Φοράω ένα μπλε φόρεμα.
Φοράω ένα κόκκινο φόρεμα.
Φοράω ένα πράσινο φόρεμα.

Ich kaufe eine schwarze Tasche.
Ich kaufe eine braune Tasche.
Ich kaufe eine weiße Tasche.

Αγοράζω μία μαύρη τσάντα.
Αγοράζω μία καφέ τσάντα.
Αγοράζω μία λευκή τσάντα.

Ich brauche einen neuen Wagen.
Ich brauche einen schnellen Wagen.
Ich brauche einen bequemen Wagen.

Χρειάζομαι ένα καινούργιο αυτοκίνητο.
Χρειάζομαι ένα γρήγορο αυτοκίνητο.
Χρειάζομαι ένα άνετο αυτοκίνητο.

Da oben wohnt eine alte Frau.
Da oben wohnt eine dicke Frau.
Da unten wohnt eine neugierige Frau.

Εκεί πάνω μένει μία μεγάλη γυναίκα.
Εκεί πάνω μένει μία χοντρή γυναίκα.
Εκεί κάτω μένει μία περίεργη γυναίκα.

Unsere Gäste waren nette Leute.
Unsere Gäste waren höfliche Leute.
Unsere Gäste waren interessante Leute.

Οι καλεσμένοι μας ήταν συμπαθητικοί άνθρωποι.
Οι καλεσμένοι μας ήταν ευγενικοί άνθρωποι.
Οι καλεσμένοι μας ήταν ενδιαφέροντες άνθρωποι.

Ich habe liebe Kinder.
Aber die Nachbarn haben freche Kinder.
Sind Ihre Kinder brav?

Έχω αγαπητά παιδιά.
Οι γείτονες όμως έχουν αυθάδη παιδιά.
Είναι τα παιδιά σας φρόνιμα;

80 [achtzig]

Adjektive 3

80 [ογδόντα]

Επίθετα 3

Sie hat einen Hund. — Αυτή έχει έναν σκύλο.
Der Hund ist groß. — Ο σκύλος είναι μεγάλος.
Sie hat einen großen Hund. — Έχει ένα μεγάλο σκύλο.

Sie hat ein Haus. — Έχει ένα σπίτι.
Das Haus ist klein. — Το σπίτι είναι μικρό.
Sie hat ein kleines Haus. — Έχει ένα μικρό σπίτι.

Er wohnt in einem Hotel. — Μένει σε ένα ξενοδοχείο.
Das Hotel ist billig. — Το ξενοδοχείο είναι φτηνό.
Er wohnt in einem billigen Hotel. — Αυτός μένει σε ένα φτηνό ξενοδοχείο.

Er hat ein Auto. — Έχει ένα αυτοκίνητο.
Das Auto ist teuer. — Το αυτοκίνητο είναι ακριβό.
Er hat ein teures Auto. — Έχει ένα ακριβό αυτοκίνητο.

Er liest einen Roman. — Διαβάζει ένα μυθιστόρημα.
Der Roman ist langweilig. — Το μυθιστόρημα είναι βαρετό.
Er liest einen langweiligen Roman. — Διαβάζει ένα βαρετό μυθιστόρημα.

Sie sieht einen Film. — Βλέπει μια ταινία.
Der Film ist spannend. — Η ταινία έχει αγωνία.
Sie sieht einen spannenden Film. — Αυτή βλέπει μία ταινία που έχει αγωνία.

81 [einundachtzig]

Vergangenheit 1

81 [ογδόντα ένα]

Παρελθοντικός χρόνος 1

schreiben
Er schrieb einen Brief.
Und sie schrieb eine Karte.

γράφω
Αυτός έγραψε ένα γράμμα.
Και αυτή έγραψε μία κάρτα.

lesen
Er las eine Illustrierte.
Und sie las ein Buch.

διαβάζω
Αυτός διάβασε ένα εικονογραφημένο.
Και αυτή διάβασε ένα βιβλίο.

nehmen
Er nahm eine Zigarette.
Sie nahm ein Stück Schokolade.

παίρνω
Αυτός πήρε ένα τσιγάρο.
Αυτή πήρε ένα κομμάτι σοκολάτα.

Er war untreu, aber sie war treu.
Er war faul, aber sie war fleißig.
Er war arm, aber sie war reich.

Αυτός ήταν άπιστος αλλά αυτή ήταν πιστή.
Αυτός ήταν τεμπέλης αλλά αυτή ήταν επιμελής.
Αυτός ήταν φτωχός αλλά αυτή ήταν πλούσια.

Er hatte kein Geld, sondern Schulden.
Er hatte kein Glück, sondern Pech.
Er hatte keinen Erfolg, sondern Misserfolg.

Δεν είχε καθόλου χρήματα αλλά χρέη.
Δεν είχε καθόλου τύχη αλλά ατυχία.
Δεν είχε καθόλου επιτυχία αλλά αποτυχία.

Er war nicht zufrieden, sondern unzufrieden.
Er war nicht glücklich, sondern unglücklich.
Er war nicht sympathisch, sondern unsympathisch.

Δεν ήταν ευχαριστημένος αλλά δυσαρεστημένος.
Δεν ήταν ευτυχισμένος αλλά δυστυχισμένος.
Δεν ήταν συμπαθητικός αλλά αντιπαθητικός.

Vergangenheit 2

Παρελθοντικός χρόνος 3

Musstest du einen Krankenwagen rufen?
Musstest du den Arzt rufen?
Musstest du die Polizei rufen?

Χρειάστηκε να καλέσεις ασθενοφόρο;
Χρειάστηκε να καλέσεις το γιατρό;
Χρειάστηκε να καλέσεις την αστυνομία;

Haben Sie die Telefonnummer? Gerade hatte ich sie noch.
Haben Sie die Adresse? Gerade hatte ich sie noch.
Haben Sie den Stadtplan? Gerade hatte ich ihn noch.

Έχετε το νούμερο; Μόλις τώρα το είχα.
Έχετε τη διεύθυνση; Μόλις τώρα την είχα.
Έχετε τον χάρτη;

Kam er pünktlich? Er konnte nicht pünktlich kommen.
Fand er den Weg? Er konnte den Weg nicht finden.
Verstand er dich? Er konnte mich nicht verstehen.

Ήρθε στην ώρα του; Δεν μπόρεσε να έρθει στην ώρα του.
Βρήκε τον δρόμο; Δεν μπόρεσε να βρει τον δρόμο.
Σε κατάλαβε; Δεν μπόρεσε να με καταλάβει

Warum konntest du nicht pünktlich kommen?
Warum konntest du den Weg nicht finden?
Warum konntest du ihn nicht verstehen?

Γιατί δεν μπόρεσες να έρθεις στην ώρα σου;
Γιατί δεν μπόρεσες να βρεις το δρόμο;
Γιατί δεν μπόρεσες να τον καταλάβεις;

Ich konnte nicht pünktlich kommen, weil kein Bus fuhr.

Ich konnte den Weg nicht finden, weil ich keinen Stadtplan hatte.

Ich konnte ihn nicht verstehen, weil die Musik so laut war.

Δεν μπόρεσα να είμαι στην ώρα μου επειδή δεν υπήρχε λεωφορείο.

Δεν μπόρεσα να βρω το δρόμο επειδή δεν είχα χάρτη.

Δεν μπόρεσα να τον καταλάβω επειδή η μουσική ήταν πολύ δυνατά.

Ich musste ein Taxi nehmen.
Ich musste einen Stadtplan kaufen.
Ich musste das Radio ausschalten.

Έπρεπε να πάρω ταξί.
Έπρεπε να αγοράσω χάρτη.
Έπρεπε να κλείσω το ράδιο.

83 [dreiundachtzig]

Vergangenheit 3

83 [ογδόντα τρία]

Παρελθοντικός χρόνος 3

telefonieren
Ich habe telefoniert.
Ich habe die ganze Zeit telefoniert.

Τηλεφωνώ
Μιλούσα στο τηλέφωνο.
Όλη την ώρα μιλούσα στο τηλέφωνο.

fragen
Ich habe gefragt.
Ich habe immer gefragt.

ρωτάω
Ρώτησα.
Πάντα ρωτούσα.

erzählen
Ich habe erzählt.
Ich habe die ganze Geschichte erzählt.

Διηγούμαι
Διηγήθηκα.
Διηγήθηκα όλη την ιστορία.

lernen
Ich habe gelernt.
Ich habe den ganzen Abend gelernt.

διαβάζω
Διάβαζα.
Διάβαζα όλο το βράδυ.

arbeiten
Ich habe gearbeitet.
Ich habe den ganzen Tag gearbeitet.

δουλεύω
Δούλευα.
Δούλευα όλη μέρα.

essen
Ich habe gegessen.
Ich habe das ganze Essen gegessen.

Τρώω
Έφαγα.
Έφαγα όλο το φαγητό.

84 [vierundachtzig]

Vergangenheit 4

84 [ογδόντα τέσσερα]

Παρελθοντικός χρόνος 4

lesen	διαβάζω
Ich habe gelesen.	Διάβασα.
Ich habe den ganzen Roman gelesen.	Διάβασα όλο το μυθιστόρημα.
verstehen	Καταλαβαίνω
Ich habe verstanden.	Κατάλαβα.
Ich habe den ganzen Text verstanden.	Κατάλαβα το κείμενο.
antworten	απαντώ
Ich habe geantwortet.	Απάντησα.
Ich habe auf alle Fragen geantwortet.	Απάντησα σε όλες τις ερωτήσεις.
Ich weiß das - ich habe das gewusst.	Το ξέρω - το ήξερα.
Ich schreibe das - ich habe das geschrieben.	Το γράφω - το έγραψα.
Ich höre das - ich habe das gehört.	Το ακούω - το άκουσα.
Ich hole das - ich habe das geholt.	Το φέρνω - το έφερα.
Ich bringe das - ich habe das gebracht.	Το φέρνω - το έφερα.
Ich kaufe das - ich habe das gekauft.	Το αγοράζω - το αγόρασα.
Ich erwarte das - ich habe das erwartet.	Το περιμένω - το περίμενα.
Ich erkläre das - ich habe das erklärt.	Το εξηγώ - το εξήγησα.
Ich kenne das - ich habe das gekannt.	Το γνωρίζω - το γνώριζα.

85 [fünfundachtzig]

Fragen - Vergangenheit 1

85 [ογδόντα πέντε]

Ερωτήσεις - παρελθοντικός χρόνος 1

Wie viel haben Sie getrunken?
Wie viel haben Sie gearbeitet?
Wie viel haben Sie geschrieben?

Πόσο ήπιατε;
Πόσο δουλέψατε;
Πόσο γράψατε;

Wie haben Sie geschlafen?
Wie haben Sie die Prüfung bestanden?
Wie haben Sie den Weg gefunden?

Πώς κοιμηθήκατε;
Πώς περάσατε τις εξετάσεις;
Πώς βρήκατε το δρόμο;

Mit wem haben Sie gesprochen?
Mit wem haben Sie sich verabredet?
Mit wem haben Sie Geburtstag gefeiert?

Με ποιον μιλήσατε;
Με ποιον έχετε ραντεβού;
Με ποιον γιορτάσατε τα γενέθλιά σας;

Wo sind Sie gewesen?
Wo haben Sie gewohnt?
Wo haben Sie gearbeitet?

Πού ήσασταν;
Πού μένατε;
Πού δουλεύατε;

Was haben Sie empfohlen?
Was haben Sie gegessen?
Was haben Sie erfahren?

Τι συστήσατε;
Τι φάγατε;
Τι μάθατε;

Wie schnell sind Sie gefahren?
Wie lange sind Sie geflogen?
Wie hoch sind Sie gesprungen?

Πόσο γρήγορα οδηγούσατε;
Πόσο διήρκεσε η πτήση σας;
Πόσο ψηλά πηδήξατε;

86 [sechsundachtzig]

Fragen - Vergangenheit 2

86 [ογδόντα έξι]

Ερωτήσεις - παρελθοντικός 2

Welche Krawatte hast du getragen?	Ποια γραβάτα φόρεσες;
Welches Auto hast du gekauft?	Ποιο αυτοκίνητο αγόρασες;
Welche Zeitung hast du abonniert?	Σε ποια εφημερίδα παρήγγειλες συνδρομή;
Wen haben Sie gesehen?	Ποιον είδατε;
Wen haben Sie getroffen?	Ποιον συναντήσατε;
Wen haben Sie erkannt?	Ποιον αναγνωρίσατε;
Wann sind Sie aufgestanden?	Πότε σηκωθήκατε;
Wann haben Sie begonnen?	Πότε ξεκινήσατε;
Wann haben Sie aufgehört?	Πότε σταματήσατε;
Warum sind Sie aufgewacht?	Γιατί ξυπνήσατε;
Warum sind Sie Lehrer geworden?	Γιατί γίνατε δάσκαλος;
Warum haben Sie ein Taxi genommen?	Γιατί πήρατε ταξί;
Woher sind Sie gekommen?	Από πού ήρθατε;
Wohin sind Sie gegangen?	Πού πήγατε;
Wo sind Sie gewesen?	Πού ήσασταν;
Wem hast du geholfen?	Ποιον βοήθησες;
Wem hast du geschrieben?	Σε ποιον έγραψες;
Wem hast du geantwortet?	Σε ποιον απάντησες;

87 [siebenundachtzig]

Vergangenheit der Modalverben 1

87 [ογδόντα επτά]

Παρελθοντικός χρόνος των βοηθητικών ρημάτων 1

Wir mussten die Blumen gießen.
Wir mussten die Wohnung aufräumen.
Wir mussten das Geschirr spülen.

Έπρεπε να ποτίσουμε τα λουλούδια.
Έπρεπε να τακτοποιήσουμε το σπίτι.
Έπρεπε να πλύνουμε τα πιάτα.

Musstet ihr die Rechnung bezahlen?
Musstet ihr Eintritt bezahlen?
Musstet ihr eine Strafe bezahlen?

Έπρεπε να πληρώσετε το λογαριασμό;
Έπρεπε να πληρώσετε είσοδο;
Έπρεπε να πληρώσετε πρόστιμο;

Wer musste sich verabschieden?
Wer musste früh nach Hause gehen?
Wer musste den Zug nehmen?

Ποιος έπρεπε να πει αντίο;
Ποιος έπρεπε να πάει νωρίς σπίτι;
Ποιος έπρεπε να πάρει το τρένο;

Wir wollten nicht lange bleiben.
Wir wollten nichts trinken.
Wir wollten nicht stören.

Δεν θέλαμε να μείνουμε πολύ.
Δεν θέλαμε να πιούμε πολύ.
Δεν θέλαμε να ενοχλήσουμε.

Ich wollte eben telefonieren.
Ich wollte ein Taxi bestellen.
Ich wollte nämlich nach Haus fahren.

Ήθελα να κάνω ένα τηλέφωνο.
Ήθελα να καλέσω ένα ταξί.
Ήθελα να πάω σπίτι.

Ich dachte, du wolltest deine Frau anrufen.
Ich dachte, du wolltest die Auskunft anrufen.
Ich dachte, du wolltest eine Pizza bestellen.

Νόμιζα πως ήθελες να πάρεις τη γυναίκα σου.
Νόμιζα πως ήθελες να πάρεις τις πληροφορίες καταλόγου.
Νόμιζα πως ήθελες να παραγγείλεις πίτσα.

88 [achtundachtzig]

Vergangenheit der Modalverben 2

88 [ογδόντα οκτώ]

Παρελθοντικός χρόνος των βοηθητικών ρημάτων 2

Mein Sohn wollte nicht mit der Puppe spielen.
Meine Tochter wollte nicht Fußball spielen.
Meine Frau wollte nicht mit mir Schach spielen.

Ο γιος μου δεν ήθελε να παίξει με την κούκλα.
Η κόρη μου δεν ήθελε να παίξει ποδόσφαιρο.
Η γυναίκα μου δεν ήθελε να παίξει σκάκι μαζί μου.

Meine Kinder wollten keinen Spaziergang machen.
Sie wollten nicht das Zimmer aufräumen.
Sie wollten nicht ins Bett gehen.

Τα παιδιά μου δεν ήθελαν να πάμε περίπατο.
Δεν ήθελαν να τακτοποιήσουν το δωμάτιο.
Δεν ήθελαν να πάνε για ύπνο.

Er durfte kein Eis essen.
Er durfte keine Schokolade essen.
Er durfte keine Bonbons essen.

Δεν μπορούσε να φάει παγωτό.
Δεν μπορούσε να φάει σοκολάτα.
Δεν μπορούσε να φάει καραμέλες.

Ich durfte mir etwas wünschen.
Ich durfte mir ein Kleid kaufen.
Ich durfte mir eine Praline nehmen.

Επέτρεψα στον εαυτό μου να επιθυμήσει κάτι.
Επέτρεψα στον εαυτό μου να αγοράσει ένα φόρεμα.
Επέτρεψα στον εαυτό μου να φάει ένα σοκολατάκι.

Durftest du im Flugzeug rauchen?
Durftest du im Krankenhaus Bier trinken?
Durftest du den Hund ins Hotel mitnehmen?

Επιτρεπόταν να καπνίσεις στο αεροπλάνο;
Επιτρεπόταν να πιεις μπύρα στο νοσοκομείο;
Επιτρεπόταν να πάρεις το σκύλο μαζί σου στο ξενοδοχείο;

In den Ferien durften die Kinder lange draußen bleiben.
Sie durften lange im Hof spielen.
Sie durften lange aufbleiben.

Στις διακοπές τα παιδιά μπορούσαν να μείνουν έξω πολλή ώρα.
Μπορούσαν να παίζουν πολλή ώρα στην αυλή.
Μπορούσαν να μείνουν ξύπνια μέχρι αργά.

89 [neunundachtzig]

Imperativ 1

89 [ογδόντα εννέα]

Προστακτική 1

Du bist so faul - sei doch nicht so faul!
Du schläfst so lang - schlaf doch nicht so lang!
Du kommst so spät - komm doch nicht so spät!

Du lachst so laut - lach doch nicht so laut!
Du sprichst so leise - sprich doch nicht so leise!
Du trinkst zu viel - trink doch nicht so viel!

Du rauchst zu viel - rauch doch nicht so viel!
Du arbeitest zu viel - arbeite doch nicht so viel!
Du fährst so schnell - fahr doch nicht so schnell!

Stehen Sie auf, Herr Müller!
Setzen Sie sich, Herr Müller!
Bleiben Sie sitzen, Herr Müller!

Haben Sie Geduld!
Nehmen Sie sich Zeit!
Warten Sie einen Moment!

Seien Sie vorsichtig!
Seien Sie pünktlich!
Seien Sie nicht dumm!

Είσαι τόσο τεμπέλης - μην είσαι τόσο τεμπέλης!
Κοιμάσαι τόσο πολύ - μην κοιμάσαι τόσο πολύ!
Έρχεσαι τόσο αργά - μην έρχεσαι τόσο αργά!

Γελάς τόσο δυνατά - μην γελάς τόσο δυνατά!
Μιλάς τόσο σιγά - μην μιλάς τόσο σιγά!
Πίνεις υπερβολικά πολύ - μην πίνεις τόσο πολύ!

Καπνίζεις υπερβολικά πολύ - μην καπνίζεις τόσο πολύ!
Δουλεύεις υπερβολικά πολύ - μην δουλεύεις τόσο πολύ!
Οδηγείς πολύ γρήγορα - μην οδηγείς τόσο γρήγορα!

Σηκωθείτε κύριε Müller!
Καθίστε κύριε Müller!
Μείνετε στην θέση σας κύριε Müller!

Έχετε υπομονή!
Πάρτε τον χρόνο σας!
Περιμένετε μία στιγμή!

Προσέχετε!
Να είστε συνεπής!
Μην είστε κουτός!

90 [neunzig]

Imperativ 2

90 [ενενήντα]

Προστακτική 2

Rasier dich!	Ξυρίσου!
Wasch dich!	Πλύσου!
Kämm dich!	Χτενίσου!
Ruf an! Rufen Sie an!	Πάρε τηλέφωνο! Πάρτε τηλέφωνο!
Fang an! Fangen Sie an!	Άρχισε! Αρχίστε!
Hör auf! Hören Sie auf!	Σταμάτα! Σταματήστε!
Lass das! Lassen Sie das!	Άστο! Αφήστε το!
Sag das! Sagen Sie das!	Πες το! Πείτε το!
Kauf das! Kaufen Sie das!	Αγόρασέ το! Αγοράστε το!
Sei nie unehrlich!	Μην είσαι ποτέ ανειλικρινής!
Sei nie frech!	Μην είσαι ποτέ αυθάδης!
Sei nie unhöflich!	Μην είσαι ποτέ αγενής!
Sei immer ehrlich!	Να είσαι πάντα ειλικρινής!
Sei immer nett!	Να είσαι πάντα ευχάριστος!
Sei immer höflich!	Να είσαι πάντα ευγενικός!
Kommen Sie gut nach Haus!	Καλόν δρόμο!
Passen Sie gut auf sich auf!	Να προσέχετε τον εαυτό σας!
Besuchen Sie uns bald wieder!	Να μας ξαναεπισκεφτείτε!

91 [einundneunzig]

Nebensätze mit *dass* 1

91 [ενενήντα ένα]

Δευτερεύουσες προτάσεις με *ότι* 1

Das Wetter wird vielleicht morgen besser.
Woher wissen Sie das?
Ich hoffe, dass es besser wird.

Ο καιρός ίσως βελτιωθεί αύριο.
Πώς το ξέρετε αυτό;
Ελπίζω ότι θα βελτιωθεί.

Er kommt ganz bestimmt.
Ist das sicher?
Ich weiß, dass er kommt.

Σίγουρα θα έρθει.
Είναι σίγουρο;
Ξέρω ότι θα έρθει.

Er ruft bestimmt an.
Wirklich?
Ich glaube, dass er anruft.

Σίγουρα θα τηλεφωνήσει.
Αλήθεια;
Πιστεύω ότι θα τηλεφωνήσει.

Der Wein ist sicher alt.
Wissen Sie das genau?
Ich vermute, dass er alt ist.

Το κρασί είναι σίγουρα παλιό.
Το ξέρετε σίγουρα αυτό;
Υποθέτω ότι είναι παλιό.

Unser Chef sieht gut aus.
Finden Sie?
Ich finde, dass er sogar sehr gut aussieht.

Το αφεντικό μας έχει ωραία εμφάνιση.
Βρίσκετε;
Βρίσκω μάλιστα ότι είναι πολύ ωραίος.

Der Chef hat bestimmt eine Freundin.
Glauben Sie wirklich?
Es ist gut möglich, dass er eine Freundin hat.

Το αφεντικό έχει σίγουρα φίλη.
Αλήθεια το πιστεύετε;
Είναι πολύ πιθανό ότι έχει φίλη.

92 [zweiundneunzig]

Nebensätze mit *dass* 2

Es ärgert mich, dass du schnarchst.
Es ärgert mich, dass du so viel Bier trinkst.
Es ärgert mich, dass du so spät kommst.

Ich glaube, dass er einen Arzt braucht.
Ich glaube, dass er krank ist.
Ich glaube, dass er jetzt schläft.

Wir hoffen, dass er unsere Tochter heiratet.
Wir hoffen, dass er viel Geld hat.
Wir hoffen, dass er Millionär ist.

Ich habe gehört, dass deine Frau einen Unfall hatte.
Ich habe gehört, dass sie im Krankenhaus liegt.
Ich habe gehört, dass dein Auto total kaputt ist.

Es freut mich, dass Sie gekommen sind.
Es freut mich, dass Sie Interesse haben.
Es freut mich, dass Sie das Haus kaufen wollen.

Ich fürchte, dass der letzte Bus schon weg ist.
Ich fürchte, dass wir ein Taxi nehmen müssen.
Ich fürchte, dass ich kein Geld bei mir habe.

92 [ενενήντα δύο)

Δευτερεύουσες προτάσεις με *ότι* και *που* 2

Με θυμώνει που ροχαλίζεις.
Με θυμώνει που πίνεις τόση μπύρα.
Με θυμώνει που έρχεσαι τόσο αργά.

Πιστεύω ότι χρειάζεται γιατρό.
Πιστεύω ότι είναι άρρωστος.
Πιστεύω ότι τώρα κοιμάται.

Ελπίζουμε ότι θα παντρευτεί την κόρη μας.
Ελπίζουμε ότι έχει πολλά χρήματα.
Ελπίζουμε ότι είναι εκατομμυριούχος.

Άκουσα ότι η γυναίκα του είχε ένα ατύχημα.
Άκουσα ότι είναι στο νοσοκομείο.
Άκουσα ότι το αυτοκίνητό σου καταστράφηκε ολοσχερώς.

Χαίρομαι που ήρθατε.
Χαίρομαι για το ενδιαφέρον σας.
Χαίρομαι που θέλετε να αγοράσετε το σπίτι.

Φοβάμαι πως το τελευταίο λεωφορείο έχει ήδη φύγει.
Φοβάμαι πως πρέπει να πάρουμε ταξί.
Φοβάμαι ότι δεν κρατάω χρήματα.

93 [dreiundneunzig]

Nebensätze mit *ob*

93 [ενενήντα τρία]

Δευτερεύουσες προτάσεις με *αν*

Ich weiß nicht, ob er mich liebt.
Ich weiß nicht, ob er zurückkommt.
Ich weiß nicht, ob er mich anruft.

Δεν ξέρω αν με αγαπάει.
Δεν ξέρω αν θα γυρίσει.
Δεν ξέρω αν θα μου τηλεφωνήσει.

Ob er mich wohl liebt?
Ob er wohl zurückkommt?
Ob er mich wohl anruft?

Αναρωτιέμαι αν με αγαπάει.
Αναρωτιέμαι αν θα γυρίσει.
Αναρωτιέμαι αν θα με πάρει τηλέφωνο.

Ich frage mich, ob er an mich denkt.
Ich frage mich, ob er eine andere hat.
Ich frage mich, ob er lügt.

Αναρωτιέμαι αν με σκέφτεται.
Αναρωτιέμαι αν έχει άλλη.
Αναρωτιέμαι αν λέει ψέματα.

Ob er wohl an mich denkt?
Ob er wohl eine andere hat?
Ob er wohl die Wahrheit sagt?

Αναρωτιέμαι αν με σκέφτεται.
Αναρωτιέμαι αν έχει άλλη.
Αναρωτιέμαι αν λέει την αλήθεια.

Ich zweifele, ob er mich wirklich mag.
Ich zweifele, ob er mir schreibt.
Ich zweifele, ob er mich heiratet.

Αμφιβάλλω αν του αρέσω πραγματικά.
Αμφιβάλλω αν θα μου γράψει.
Αμφιβάλλω αν θα με παντρευτεί.

Ob er mich wohl wirklich mag?
Ob er mir wohl schreibt?
Ob er mich wohl heiratet?

Αναρωτιέμαι αν του αρέσω στ' αλήθεια.
Αναρωτιέμαι αν θα μου γράψει.
Αναρωτιέμαι αν θα με παντρευτεί.

94 [vierundneunzig]

Konjunktionen 1

94 [ενενήντα τέσσερα]

Σύνδεσμοι 1

Warte, bis der Regen aufhört.
Warte, bis ich fertig bin.
Warte, bis er zurückkommt.

Περίμενε (μέχρι) να σταματήσει η βροχή.
Περίμενε (μέχρι) να ετοιμαστώ.
Περίμενε (μέχρι) να γυρίσει.

Ich warte, bis meine Haare trocken sind.
Ich warte, bis der Film zu Ende ist.
Ich warte, bis die Ampel grün ist.

Περιμένω (μέχρι) να στεγνώσουν τα μαλλιά μου
Περιμένω (μέχρι) να τελειώσει η ταινία.
Περιμένω (μέχρι) να ανάψει πράσινο.

Wann fährst du in Urlaub?
Noch vor den Sommerferien?
Ja, noch bevor die Sommerferien beginnen.

Πότε φεύγεις για διακοπές;
Πριν το καλοκαίρι;
Ναι, πριν μπει το καλοκαίρι.

Reparier das Dach, bevor der Winter beginnt.
Wasch deine Hände, bevor du dich an den Tisch setzt.
Schließ das Fenster, bevor du rausgehst.

Επισκεύασε τη σκεπή πριν μπει ο χειμώνας.
Πλύνε τα χέρια σου πριν κάτσεις στο τραπέζι.
Κλείσε το παράθυρο πριν βγεις έξω.

Wann kommst du nach Hause?
Nach dem Unterricht?
Ja, nachdem der Unterricht aus ist.

Πότε θα έρθεις σπίτι;
Μετά το μάθημα;
Ναι, όταν τελειώσει το μάθημα.

Nachdem er einen Unfall hatte, konnte er nicht mehr arbeiten.
Nachdem er die Arbeit verloren hatte, ist er nach Amerika gegangen.
Nachdem er nach Amerika gegangen war, ist er reich geworden.

Μετά το ατύχημα που είχε δεν μπορούσε να δουλέψει πια.
Αφού έχασε τη δουλειά του πήγε στην Αμερική.
Αφού πήγε στη Αμερική έγινε πλούσιος.

95 [fünfundneunzig]

Konjunktionen 2

95 [ενενήντα πέντε]

Σύνδεσμοι 2

Seit wann arbeitet sie nicht mehr?
Seit ihrer Heirat?
Ja, sie arbeitet nicht mehr, seitdem sie geheiratet hat.

Από πότε δεν δουλεύει πια;
Από τότε που παντρεύτηκε;
Ναι, δεν δουλεύει πια από τότε που παντρεύτηκε.

Seitdem sie geheiratet hat, arbeitet sie nicht mehr.
Seitdem sie sich kennen, sind sie glücklich.
Seitdem sie Kinder haben, gehen sie selten aus.

Από τότε που παντρεύτηκε δεν δουλεύει πια.
Από τότε που γνωρίζονται, είναι ευτυχισμένοι.
Από τότε που απέκτησαν παιδιά, βγαίνουν σπάνια έξω.

Wann telefoniert sie?
Während der Fahrt?
Ja, während sie Auto fährt.

Πότε μιλάει στο τηλέφωνο;
Ενώ οδηγεί;
Ναι, ενώ οδηγεί.

Sie telefoniert, während sie Auto fährt.
Sie sieht fern, während sie bügelt.
Sie hört Musik, während sie ihre Aufgaben macht.

Μιλάει στο τηλέφωνο ενώ οδηγεί.
Βλέπει τηλεόραση ενώ σιδερώνει.
Ακούει μουσική ενώ κάνει τα μαθήματά της.

Ich sehe nichts, wenn ich keine Brille habe.
Ich verstehe nichts, wenn die Musik so laut ist.
Ich rieche nichts, wenn ich Schnupfen habe.

Δεν βλέπω τίποτα όταν δεν φοράω γυαλιά.
Δεν καταλαβαίνω τίποτα όταν η μουσική είναι τόσο δυνατά.
Δεν μπορώ να μυρίσω τίποτα όταν είμαι συναχωμένος.

Wir nehmen ein Taxi, wenn es regnet.
Wir reisen um die Welt, wenn wir im Lotto gewinnen.
Wir fangen mit dem Essen an, wenn er nicht bald kommt.

Θα πάρουμε ταξί αν βρέχει.
Θα κάνουμε τον γύρο του κόσμου αν κερδίσουμε το Λόττο.
Θα ξεκινήσουμε να τρώμε αν δεν έρθει σύντομα.

Konjunktionen 3

Σύνδεσμοι 3

Ich stehe auf, sobald der Wecker klingelt.
Ich werde müde, sobald ich lernen soll.
Ich höre auf zu arbeiten, sobald ich 60 bin.

Σηκώνομαι μόλις χτυπήσει το ξυπνητήρι.
Με πιάνει νύστα όταν έχω διάβασμα.
Θα σταματήσω να δουλεύω όταν φτάσω τα 60.

Wann rufen Sie an?
Sobald ich einen Moment Zeit habe.
Er ruft an, sobald er etwas Zeit hat.

Πότε θα πάρετε τηλέφωνο;
Μόλις έχω ένα λεπτό ελεύθερο.
Θα τηλεφωνήσει μόλις έχει λίγο χρόνο.

Wie lange werden Sie arbeiten?
Ich werde arbeiten, solange ich kann.
Ich werde arbeiten, solange ich gesund bin.

Πόσον καιρό θα δουλεύετε;
Θα δουλεύω όσο μπορώ.
Θα δουλεύω όσο είμαι υγιής.

Er liegt im Bett, anstatt dass er arbeitet.
Sie liest die Zeitung, anstatt dass sie kocht.
Er sitzt in der Kneipe, anstatt dass er nach Hause geht.

Είναι στο κρεβάτι αντί να δουλεύει.
Διαβάζει εφημερίδα αντί να μαγειρεύει.
Κάθεται στο μπαρ αντί να πάει σπίτι.

Soweit ich weiß, wohnt er hier.
Soweit ich weiß, ist seine Frau krank.
Soweit ich weiß, ist er arbeitslos.

Απ' όσο ξέρω, μένει εδώ.
Απ' όσο ξέρω, η γυναίκα του είναι άρρωστη.
Απ' όσο ξέρω, είναι άνεργος.

Ich hatte verschlafen, sonst wäre ich pünktlich gewesen.
Ich hatte den Bus verpasst, sonst wäre ich pünktlich gewesen.
Ich hatte den Weg nicht gefunden, sonst wäre ich pünktlich gewesen.

Με πήρε ο ύπνος, διαφορετικά θα ήμουν συνεπής.
Έχασα το λεωφορείο, διαφορετικά θα ήμουν συνεπής.
Δε βρήκα τον δρόμο, διαφορετικά θα ήμουν συνεπής.

97 [siebenundneunzig]

Konjunktionen 4

97 [ενενήντα επτά]

Σύνδεσμοι 4

Er ist eingeschlafen, obwohl der Fernseher an war.
Er ist noch geblieben, obwohl es schon spät war.
Er ist nicht gekommen, obwohl wir uns verabredet hatten.

Αποκοιμήθηκε παρόλο που η τηλεόραση ήταν ανοιχτή.
Έμεινε κι άλλο παρόλο που ήταν ήδη αργά.
Δεν ήρθε παρόλο που είχαμε δώσει ραντεβού.

Der Fernseher war an. Trotzdem ist er eingeschlafen.
Es war schon spät. Trotzdem ist er noch geblieben.
Wir hatten uns verabredet. Trotzdem ist er nicht gekommen.

Η τηλεόραση ήταν ανοιχτή. Παρόλ' αυτά αποκοιμήθηκε.
Ήταν ήδη αργά. Παρόλ' αυτά έμεινε κι άλλο.
Είχαμε κανονίσει να συναντηθούμε. Παρόλ' αυτά δεν ήρθε.

Obwohl er keinen Führerschein hat, fährt er Auto.
Obwohl die Straße glatt ist, fährt er schnell.
Obwohl er betrunken ist, fährt er mit dem Rad.

Παρόλο που δεν έχει δίπλωμα, οδηγεί αυτοκίνητο.
Παρόλο που ο δρόμος γλιστράει, οδηγεί γρήγορα.
Παρόλο που είναι μεθυσμένος, πάει με το ποδήλατο.

Er hat keinen Führerschein. Trotzdem fährt er Auto.
Die Straße ist glatt. Trotzdem fährt er so schnell.
Er ist betrunken. Trotzdem fährt er mit dem Rad.

Δεν έχει δίπλωμα. Παρόλ' αυτά οδηγεί αυτοκίνητο.
Ο δρόμος γλιστράει. Παρόλ' αυτά οδηγεί πολύ γρήγορα.
Είναι μεθυσμένος. Παρόλ' αυτά πάει με το ποδήλατο.

Sie findet keine Stelle, obwohl sie studiert hat.
Sie geht nicht zum Arzt, obwohl sie Schmerzen hat.
Sie kauft ein Auto, obwohl sie kein Geld hat.

Δεν βρίσκει δουλειά παρόλο που έχει σπουδάσει.
Δεν πάει στο γιατρό, παρόλο που πονάει.
Θα αγοράσει αυτοκίνητο, παρόλο που δεν έχει χρήματα.

Sie hat studiert. Trotzdem findet sie keine Stelle.
Sie hat Schmerzen. Trotzdem geht sie nicht zum Arzt.
Sie hat kein Geld. Trotzdem kauft sie ein Auto.

Έχει σπουδάσει. Παρόλ' αυτά δεν βρίσκει δουλειά.
Πονάει. Παρόλ' αυτά δεν πάει στον γιατρό.
Δεν έχει χρήματα. Παρόλ' αυτά θα αγοράσει αυτοκίνητο.

98 [achtundneunzig]

Doppelte Konjunktionen

98 [ενενήντα οκτώ]

Διπλοί σύνδεσμοι

Die Reise war zwar schön, aber zu anstrengend.
Der Zug war zwar pünktlich, aber zu voll.
Das Hotel war zwar gemütlich, aber zu teuer.

Το ταξίδι ήταν μεν ωραίο αλλά πολύ κουραστικό.
Το τρένο ήρθε μεν στην ώρα του αλλά ήταν γεμάτο.
Το ξενοδοχείο ήταν μεν άνετο αλλά πολύ ακριβό.

Er nimmt entweder den Bus oder den Zug.
Er kommt entweder heute Abend oder morgen früh.
Er wohnt entweder bei uns oder im Hotel.

Παίρνει είτε το λεωφορείο είτε το τρένο.
Θα έρθει είτε απόψε είτε αύριο πρωί πρωί.
Θα μείνει είτε σε εμας είτε στο ξενοδοχείο.

Sie spricht sowohl Spanisch als auch Englisch.
Sie hat sowohl in Madrid als auch in London gelebt.
Sie kennt sowohl Spanien als auch England

Μιλάει τόσο ισπανικά όσο και αγγλικά.
Έχει ζήσει τόσο στη Μαδρίτη όσο και στο Λονδίνο.
Ξέρει τόσο την Ισπανία όσο και την Αγγλία.

Er ist nicht nur dumm, sondern auch faul.
Sie ist nicht nur hübsch, sondern auch intelligent.
Sie spricht nicht nur Deutsch, sondern auch Französisch.

Είναι όχι μόνο χαζός αλλά και τεμπέλης.
Είναι όχι μόνο όμορφη αλλά και έξυπνη.
Μιλάει όχι μόνο γερμανικά αλλά και γαλλικά.

Ich kann weder Klavier noch Gitarre spielen.
Ich kann weder Walzer noch Samba tanzen.
Ich mag weder Oper noch Ballett.

Δεν παίζω ούτε πιάνο ούτε κιθάρα.
Δεν ξέρω να χορεύω ούτε βαλς ούτε σάμπα.
Δεν μου αρέσει ούτε η όπερα ούτε το μπαλέτο.

Je schneller du arbeitest, desto früher bist du fertig.
Je früher du kommst, desto früher kannst du gehen.
Je älter man wird, desto bequemer man wird.

Όσο πιο γρήγορα δουλέψεις, τόσο πιο νωρίς θα τελειώσεις.
Όσο πιο νωρίς έρθεις, τόσο πιο νωρίς θα μπορέσεις να φύγεις.
Όσο μεγαλώνει κανείς, τόσο πιο νωθρός γίνεται.

99 [neunundneunzig]

Genitiv

99 [ενενήντα εννέα]

Γενική

die Katze meiner Freundin
der Hund meines Freundes
die Spielsachen meiner Kinder

η γάτα της φίλης μου
ο σκύλος του φίλου μου
τα παιχνίδια των παιδιών μου

Das ist der Mantel meines Kollegen.
Das ist das Auto meiner Kollegin.
Das ist die Arbeit meiner Kollegen.

Αυτό είναι το παλτό του συναδέλφου μου.
Αυτό είναι το αυτοκίνητο του συναδέλφου μου.
Αυτή είναι η δουλειά των συναδέλφων μου.

Der Knopf von dem Hemd ist ab.
Der Schlüssel von der Garage ist weg.
Der Computer vom Chef ist kaputt.

Ξηλώθηκε το κουμπί από το πουκάμισο.
Χάθηκε το κλειδί του γκαράζ.
Ο υπολογιστής του αφεντικού χάλασε.

Wer sind die Eltern des Mädchens?
Wie komme ich zum Haus ihrer Eltern?
Das Haus steht am Ende der Straße.

Ποιοι είναι οι γονείς του κοριτσιού;
Πώς θα πάω στο σπίτι των γονιών της;
Το σπίτι είναι στο τέλος του δρόμου.

Wie heißt die Hauptstadt von der Schweiz?
Wie heißt der Titel von dem Buch?
Wie heißen die Kinder von den Nachbarn?

Πώς λέγεται η πρωτεύουσα της Ελβετίας;
Πώς λέγεται ο τίτλος του βιβλίου;
Πώς λέγονται τα παιδιά των γειτόνων;

Wann sind die Schulferien von den Kindern?
Wann sind die Sprechzeiten von dem Arzt?
Wann sind die Öffnungszeiten von dem Museum?

Πότε είναι οι σχολικές διακοπές των παιδιών;
Πότε δέχεται ο γιατρός ραντεβού;
Ποιες είναι οι ώρες λειτουργίας του μουσείου;

100 [hundert]

Adverbien

100 [εκατό]

Επιρρήματα

schon einmal - noch nie
Sind Sie schon einmal in Berlin gewesen?
Nein, noch nie.

ήδη - ποτέ μέχρι τώρα
Έχετε ήδη επισκεφτεί το Βερολίνο;
Όχι, ποτέ μέχρι τώρα.

jemand - niemand
Kennen Sie hier jemand(en)?
Nein, ich kenne hier niemand(en).

κάποιος - κανείς / κανένας
Ξέρετε κάποιον εδώ;
Όχι, δεν ξέρω κανέναν εδώ.

noch - nicht mehr
Bleiben Sie noch lange hier?
Nein, ich bleibe nicht mehr lange hier.

ακόμα - όχι πια / πλέον
Θα μείνετε πολύ ακόμα εδώ;
Όχι, θα φύγω σύντομα.

noch etwas - nichts mehr
Möchten Sie noch etwas trinken?
Nein, ich möchte nichts mehr.

κάτι ακόμα - τίποτα άλλο
Θα θέλατε να πιείτε κάτι ακόμα;
Όχι, δε θα ήθελα τίποτα άλλο.

schon etwas - noch nichts
Haben Sie schon etwas gegessen?
Nein, ich habe noch nichts gegessen.

ήδη κάτι - τίποτα ακόμα
Έχετε φάει ήδη κάτι;
Όχι, δεν έχω φάει τίποτα ακόμα.

noch jemand - niemand mehr
Möchte noch jemand einen Kaffee?
Nein, niemand mehr.

κάποιος ακόμα - κανείς άλλος
Θα ήθελε κάποιος ακόμα καφέ;
Όχι, κανείς άλλος.

END